imaginist

想象另一种可能

理
想
国

imaginist

郑培凯 鄢秀 主编

史景遷作品

王氏之死

大历史背后的小人物命运

The Death of Woman Wang

[美] 史景迁 著　李孝恺 译　李孝悌 校译

Jonathan D. Spence

广西师范大学出版社

·桂林·

著作权合同登记图字：20-2010-094号

图书在版编目(CIP)数据

王氏之死：大历史背后的小人物命运 /（美）史景迁著；李孝恺译.
—桂林：广西师范大学出版社，2011.9（2022.1 重印）
（史景迁作品）
ISBN 978-7-5495-0689-7
Ⅰ.①王… Ⅱ.①史… ②李… Ⅲ.①社会生活–研
究–中国–清前期 Ⅳ.①D691.9
中国版本图书馆 CIP 数据核字 (2011) 第 146972 号

广西师范大学出版社出版发行
广西桂林市五里店路9号　邮政编码：541004
网址：www.bbtpress.com

出 版 人：黄轩庄
出 品 人：刘瑞琳
责任编辑：吴晓斌
校　　对：汤晓沙　鄢　秀
书名题签：黄华侨
装帧设计：陆智昌
内文制作：王　琼
全国新华书店经销
发行热线：010-64284815
山东韵杰文化科技有限公司
山东省淄博市桓台县　邮政编码：256401

开本：880mm×1230mm　1/32
印张：6.625　字数：140千字
2011年9月第1版　2022年1月第13次印刷
定价：56.00元

总　序

妙笔生花史景迁

郑培凯　鄢　秀

一

近半个世纪以来，西方列强对中国虽已停止了侵略殖民，但西方一般民众对中国的认识，仍然带有殖民心态与说不清道不明的迷思，三分猎奇、三分轻蔑、三分怜悯，还有一分“非我族类”的敌意。想到中国的山河广袤、人口众多、历史悠久，心目中浮现的图景就似真似幻，好像乘坐荒野打猎的越野吉普，手持望远镜，驰骋过山林丛莽，观看熊罴虎豹、狮子大象、猿猴猩猩、斑马羚羊，倏忽群兽遍野，狼奔豕突，倏忽蒿草无垠，万籁俱寂。中国像万花筒，什么都有，什么花样组合都变得出来；中国历史像变魔术，可以把一切想象变成真实，又可以把一切真实变成幻象；中国文化传统玄之又玄，阴阳变化，万象归一，天下万物生于有，有生于无，变是不变，不变是变。不要说听的人越听越糊涂，讲的人也是越讲越糊涂，于是，中国也就“假作真时真亦假”，神龙见首不见尾了。

其实，在欧美真想了解中国历史文化，也有不少西文学术书可供阅读，从孔子到毛泽东，都有所论述，而且大体上都提供了史实正确的知识。读者对中国近代有兴趣，也可以从各类学术专著与教材，知道些翻云覆雨的历史大人物，得知鸦片战争肇启列强对中国领土资源的觊觎与蚕食，得知中国从几千年的帝制转为民国政体，得知军阀混战与日本侵略，得知国共内战与共产党的胜利。耐下心来读点思想史与社会经济史，还能知道耶稣会传教给中国带来一些科学新知、早期中西文化接触给西方启蒙运动提供滋养、清代思想统治影响学术变化、明清以来人口流动与增长的情况、美洲白银与农作物传入改变了中国经济结构。甚至会发现，原来有这么许多学术专著讨论中国近代历史事件与特定人物，探讨传统社会生产与伦理关系的解体，研究政体改变与城乡结构的变化，以及西潮如何冲击文化传统、思维逻辑与教育制度，等等。但是，对一般读者而言，学术专著太深奥，教科书又太枯燥，陌生的人名、地名、事端、争论，令人越看越纷乱，满脑都是浆糊。实在不懂为什么中华帝国会反对通商、反对自由贸易、反对门户开放，不懂为什么一向讲究礼义和平的老百姓会突然变成革命群众，不懂中国人民到底在想什么。好像愈知道许多人物与事件，却愈加糊涂，有如雾里看花。

这几十年来欧美出了一位研究中国史的奇才史景迁（Jonathan Spence），他最大的贡献就是以优美流畅的文笔，把中国近代错综复杂的人物与史事，通过严谨的历史考证，参照专家的钻研成果，以“说故事”的传统历史方法，娓娓道来，让西方读者“拨开云雾见青天”，对中国的历史经历有了“感觉”。

二

“史景迁”这个华文名字，是他在耶鲁大学研读历史学博士学位期间，一位中国史学前辈房兆楹给他取的，寓意明显，期望也高，学历史就要景仰司马迁，以司马迁为楷模。司马迁的《史记》，材料丰富，考辨严谨，叙事清楚，条理分明，文笔生动，“究天人之际，通古今之变，成一家之言”。史景迁是现代史家，不像司马迁出身“史卜巫祝”传统，有着“究天人之际”的使命，但是，他研究晚明以迄当代的中国历史，叙事的方法与文体却循着《史记》的精神，的确当得起“通古今之变，成一家之言”的赞誉。从他第一部《曹寅与康熙》（*Ts'ao Yin and the K'ang-hsi Emperor: Bondservant and Master*）开始，他就结合档案史料与研究曹雪芹先世的各类文史资料，写了康熙皇帝的治术，同时也勾勒了清朝天子的内心世界。这种对原始资料的扎实研究基础，让他在第三部著作《康熙》（*Emperor of China: Self-Portrait of K'ang-hsi*）中，得以化身康熙，以第一人称的叙事方法，发挥历史想象，充分展现康熙大帝的喜怒哀乐，让西方读者看到一个有血有肉的中国皇帝。书写康熙，把一切客观历史材料转为自传文体，必须从天子的角度看天下，涉及各种各样的天下大小事，以宏观的视野，高屋建瓴，为大清帝国的长治久安着想。如此，表面是书写假托的康熙自传，实际上却必须考虑中华帝国的方方面面，从统治天下的全相角度呈现中华帝国的全貌。

史景迁第二部书《改变中国》（*To Change China: Western Advisers in China,1620-1960*），探讨近代西方人士如何参与及推动中

国的历史变化，从早期的传教士汤若望、南怀仁，清末的戈登、赫德、丁韪良、傅兰雅，一直写到民国时期的鲍罗廷、白求恩、陈纳德、史迪威，开启了他对中西文化接触与交流的研究兴趣，撰写了后来一系列相关著作。他的兴趣，从西方人在华活动扩展到中西文化接触所引发的思维刺激与调适，探讨不同文化碰撞时相互理解与误解的困境。具体的人物在特定的历史环境中，都有独特的引人入胜的故事发生，不但是西方人在明末的中华帝国会有各种奇特遭遇，中国人在18世纪初欧洲的异国遭遇更令人难以想象。史景迁就像福尔摩斯一样，利用他掌握多种欧洲语言的优势，进入中外历史材料的迷宫之中，追索隐藏在历史帷幕后面的蛛丝马迹，想象中外历史文化接触的夹缝中，远赴异乡的人物是如何生活的，而其遭遇又如何存留成历史的记忆。他混合运用中外史料，披沙拣金，追索明末利玛窦远渡重洋，由西徂东，来华传教的经历，也写了广东天主教徒胡若望流落法国的一桩公案，更整合了蒙古西征之后，西方对中国的想象与描绘。

《利玛窦的记忆宫殿》（*The Memory Palace of Matteo Ricci*），上溯到明末耶稣会士来华传教，如何适应中国的文化环境，如何利用欧洲流行的记忆术作为敲门砖，打入热衷科举考试、重视背诵诗书的士大夫群体。《胡若望的疑问》（*The Question of Hu*），写一个中国天主教徒胡若望因傅圣泽神甫（Jean-François Foucquet）的提携，远赴法国，却因举止乖张，流落异乡，甚至被关进疯人院里，三年后才得以返回广东家乡。史景迁利用了梵蒂冈的教廷档案、大英图书馆档案及巴黎的国家外事档案，拼成一幅匪夷所思的雍正初年广东华人流落法兰西的故事。《大汗之国》（*The Chan's Great Continent: China in Western Minds*）则综观西方人如何想象中国的历史历程，从蒙元时期的鲁伯克修士、马可波罗，一直到当代的尼克松、基辛格，不但写来华西方人所记的中国经历，也写没来过中国的文人作家如何想象中国，影响了一般民众的中国印象。对于中国读者而言，这些仔细爬梳过欧西档案与文史群籍的历史资料，经过天孙巧手缝缀成一个个动听的故事，就像一面面精美的缂丝挂毯，不但引人入胜，也开拓了我们的眼界，了解不同文化的相遇、碰撞与互动，是多么的错综复杂，时常还惊心动魄，比小说虚构还要离奇。

《康熙》在1974年出版之后，引起出版界的轰动效应，深受读者欢迎，成为畅销书，甚至被白修德（Theodore H.White）誉为“经典之作：把学术提升到美的范畴”。西方史学界也开始注意史景迁书写历史的修辞策略，称赞他文体自成一格，剪裁史料别具慧心，从不大张旗鼓，宣扬新的理论架构，却在不经意处，以生动的故事叙述，展现了历史人物与事件所能带给我们的历史文化思考。他继之在1978年，写了第四部著作《王氏之死》（*The Death of Woman Wang*），以山东郯城的地方志、黄六鸿的《福惠全书》、蒲松龄的《聊斋志异》为史料基础，探讨清初小老百姓的生活环境与想象空间，从宏观的天下全相与中西文化观照，推移镜头至偏僻乡间农民与农妇的生活，把蒲松龄的文学想象穿插到梦境之中，以不同角度的现实与虚构特写，重组了17世纪山东农村的生存处境。这部书最引起史学界议论的，就是剪裁蒲松龄如梦如幻的优美文字，用以虚构妇人王氏临死之前的梦境。史景迁运用文学材料书写历史，当然不是要呈现实际发生的史实，不是妇人王氏的“信史”，却可以引发读者想象清朝初年的山东，在历史意识上触及当时历史环境的“可能情况”。

书写历史，最重要的是要依靠文献证据，假若文献未曾明确提供材料，可不可以运用书写想象去重新构筑历史场景？这就是现代历史书写最蹊跷暧昧的领域，也是后现代史学不断质疑与解构的关键。他们不但质疑史料经常不足，或是一批“断烂朝报”，缺失的比留存的材料可能要多，不足以反映历史实况，令人更加质疑所有历史材料的可靠性。像 Hayden White 这样的历史哲学论者，就在他的《元史学》（*Metahistory*）中提出，所有的史料，包括第一手材料与档案，都是具体的个人记录下来的，一牵涉到具体的人，就有主观的思想感情倾向，就不可避免有“人”的历史局限，就不可能完全科学客观，做到巨细靡遗地记录牵扯到人与事的复杂情况，而不掺入运用修辞逻辑的历史想象。他甚至进而指出，历史写作与文学写作无大差别，都是运用文字，通过想象修辞的手段，与不同倾向的书写策略，虚构出一个文本。这种推衍到极端的主观书写论，有其立论的根据与辩难的目标，很难斥为无稽，但却故意扭曲了文学创作与历史求真求实的基本意图有所不同。值得在此提出的是，史景迁的著作不能归入“后现代”的主观虚构历史书写之中，因为他写每一本书，都恪遵传统史学的规律，尽量使用存世的史料，上穷碧落下黄泉，从中国史书方志档案到西方史志档案，几乎做到“无字无来历”。他在连接史料罅隙，推理可能历史情况时，也明白告诉读者，文献材料是什么，作者解读的历史“可能”是什么，从不混淆视听。

三

史景迁的史学著作，经常是雅俗共赏，兼顾学术研究与通俗阅读，一方面让专家学者思考史学探索的意义与方向，另一方面又让一般读者深入理解中国近代的历史，特别是中国人生存的时代环境与生命意义的追寻。他写的《天安门：中国人及其革命，1895—1980》（*The Gate of Heavenly Peace: The Chinese and Their Revolution, 1895-1980*）与《追寻现代中国》（*The Search for Modern China*），最能显示他史识的通达与文笔之流畅，能够不偏不倚，就事论事，却又充满了历史的同情与了解，让西方读者理解，中国是一个实实在在的地方，即使难以认同中国历史的发展，却也看到生活与奋斗其中的历史人物，都是有血有肉有感情的人，在特定的黯淡历史环境中，奋勇追寻茫茫前途的一丝光明。《天安门：中国人及其革命，1895—1980》着眼中国近百年文化人与文学家的处境，环绕着康有为、鲁迅、丁玲、他们的师生亲友，以及所处的历史环境与文化空间，写他们的追求、挫折、困境与期盼；《追寻现代中国》则以教科书撰述通史的形式，历述明末以迄当代的政治经济变化，从晚明的繁华到清兵入关，从康乾盛世到晚清颓败，从鸦片战争到康梁变法，从五四运动到共产党执政，从“大跃进”一直述说到改革开放，同时没忘了论及曹雪芹与《红楼梦》、“五四”时期的蔡元培、陈独秀、胡适、鲁迅等，指出文化变迁的长远影响。这两本历史著作的书写方式，都是传统史学呈现历史全相的主流写法，出版后，都在欧美图书市场成了历史畅销书，并且自1990年以来，成为西方大学中国史课程的通用教科书，影响了好几代大学生与文化人。他接着出版的《太平天国》(*God's Chinese Son: The Taiping Heavenly Kingdom of Hong Xiuquan*)、《雍正王朝之大义觉迷》(*Treason by the Book*)等等，一直到近年的《前朝梦忆》(*Return to Dragon Mountain: Memories of a Late Ming Man*)，每一本书问世，都能生动活泼地呈现中国的历史经验，掀起畅销热潮，使西方读者对中国近代历史变化的认识更加深入，加深对于中国历史文化的同情。

史景迁的历史著作如此畅销，受到广大读者的喜爱，也就遭到一些传统学究型历史学家的讽刺，说他是“说故事的”史学家，不曾皓首穷经、在故纸堆中考据出前人未见的史实，而且视野过度宽广，未曾穷毕生之力，专注某一桩历史事件，成为特定历史题材的“权威专家”。也有些以社会科学方法自诩的社会经济史学者，认为史景迁著述虽多，但提不出一套理论架构，对历史研究的科学性毫无贡献，又不以社会科学“放之四海而皆准”的普世性为依归，不曾努力把中国历史文化研究纳入普世性社会科学，充其量只是引起西方对中国历史文化的兴趣。这些批评其实都是皮相之论，以狭隘的学术观点、本位主义的专业立场，排斥历史学的基本人文精神与开发多元的普世关怀。

从政治大事的角度书写历史全相，是中国传统史学的主流写法，《春秋》纪事罗列重要事迹，《史记》叙事以“本纪”为经，“列传”为纬，辅以表记志书，成为中国正史的写作通例。司马光的《资治通鉴》与后来的各种“纪事本末”，虽在传统史学体例之中另列一格，其实还是全相式的政治事件书写。不仅中国史学传统如此，西方史学从古希腊开始，也是以叙述“故事”为主。希罗多德（Herodotus）的《历史》，糅合各种资料与传闻，删汰芜杂，以“说书”的叙述方式呈现。古希腊文 historein，本义是“问询”，意即司马迁在《史记 · 太史公自序》所说的，“罔（网）罗天下放失旧闻，王迹所兴，原始察终，见盛观衰”。太史公作《五帝本纪》，记述上古传闻资料，也面临类似的问题，自己还作了检讨：“百家言黄帝，其文不雅驯，荐绅先生难言之。……余尝西至空桐，北过涿鹿，东渐于海，南浮江淮矣，至长老皆各往往称黄帝、尧、舜之处，风教固殊焉，总之不离古文者近是。”希罗多德之后的修昔底德（Thucydides），对记述往古的传闻颇不以为然，认为可靠的历史只有当代的记录，因此撰写当代的战争大事为《伯罗奔尼撒战争史》，在资料的“问询”上有亲身的经历,还可以采访许多身历其境的当事人,得以对勘论辩。虽说着史风格有所不同，更加强调资料源的可靠性，但其呈现战事发生的前因后果，仍是政治事件的全相叙述。不论是司马迁、希罗多德，还是修昔底德，叙述历史的修辞手法，都是去芜存菁，运用明畅的文字,讲一个动听的故事。到了欧洲启蒙时代,吉本（Edward Gibbon）写《罗马帝国衰亡史》，还是遵守这个写历史“说故事”的基本原则。

倒是近代的历史学家，先受到 19 世纪兰克学派的影响，在历史研究领域强调科学实证，以考辨史实为历史研究主要任务，长篇累牍进行饤饾考证，以显示历史研究的专业化。学术机构的建立、文史哲的专业分科、学术专业职场化、学术职业升迁的专业评核，把文化学术的理想转为薪酬饭碗的优渥，加剧了历史研究钻牛角尖的倾向，迫使严肃而有才华的历史学家随波逐流，把全副精神放在历史学科制度的规范要求上面，使得全相性叙事的历史著作遭到学院的排斥，沦为毫无史观与史识的历史教科书与通俗历史演义的领域。到了20世纪后半叶，历史研究的科学客观性遭到挑战，许多史学家又从一个极端摆荡到另一个极端，转向“观点”与“问题意识”为主导的探讨，充满了政治正确与社会意识的信念，强调阶级、种族、性别、弱势群体，从各种文化批判角度，进行“把历史颠倒的重新颠倒过来”的工作，化历史研究为意识形态斗争的场域。

总而言之，以新角度新观点来书写历史，拓展我们对历史的认识，或者指出传统历史书写的局限与歧视，固然有其价值，但全相叙述的历史书写传统，还是不该断绝的。不仅如此，历史研究虽然已经成为学术专业领域，却也不能放弃学术研究的基本人文关怀，不能排斥学术通俗化的努力，不能把一般人有兴趣的历史题材当作没有价值的老生常谈，更不能把自己文字能力的艰涩鲁钝作为学殖深厚的借口。由此看来，史景迁既能著述宏观全相的中国历史，又能在历史叙述的实践上探索新的历史研究领域，以生动的笔触揭示新的观点与问题意识，难怪可以雅俗共赏，也为中国历史研究提供了值得深思的启示。

中国史学传统要求史家具备“才、学、识”（刘知几），章学诚又加了“德”。在《文史通义》中，章学诚是这么解释的：“义理存乎识，辞章存乎才，征实存乎学”，强调的是，要有文化传统的认识与关怀，要有书写叙述的文采，要有辨伪存真的学殖。对于他自己提出的“史德”，章学诚在《文史通义》立有专章，作了详细的疏解，关键在于：

“能具史识者，必知史德。德者何？谓著书者之心术也。”余英时在《论戴震与章学诚》一书中指出，章学诚的史学思想承袭了中国儒家传统，太注重政治伦理，所强调的“史德”偏于传统道德的臧否，而不同于现代史学强调的客观性：“其主旨虽在说明历史学家于善恶是非之际必须力求公正，毋使一己偏私之见（人）损害历史的‘大道之公’（天）！但是这种天人之辨仍与西方近代史学界所常讨论的历史的客观性和主观性有不同处。”我们若把章学诚对“史德”的要求与余英时的评论放在一起，借来观测史景迁的历史著作，就会发现，史景迁的现代西方史学训练，使他不可能陷入儒家道德臧否性的中国传统“史德”误区。反倒是因为他身为西方学者，远离中国政治，与中国近代的政治伦理没有切身的关联，没有族群兴衰的认同，没有利益的瓜葛，不会以一己偏私之见损害历史之大公。从这一点来说，史景迁书写中国历史的实践，配合了余英时的现代史学反思，为中国史学传统的“才、学、识、德”，提供了颇饶兴味的现代诠释。

四

这套丛书两位主编之一的郑培凯，与史景迁先生有师生之谊，是史先生在耶鲁大学历史系任教时正式招收的第一个博士研究生。自 1972 年开始，他就在史先生指导之下，浸润历史学的研读与思考，并且从一个学生的角度，反复阅读老师的历史著作，以期学习历史研究与书写的诀窍。从《康熙》的写作时期开始，郑培凯就不时与老师切磋问学，还会唐突地询问老师写作进度与历史书写的策略。史先生写《王氏之死》、写《天安门：中国人及其革命，1895—1980》、写《利玛窦的记忆宫殿》、写《追寻现代中国》，从开题到完书出版，郑培凯都有幸过从，亲聆教诲，还时而效法“有事弟子服其劳”的古训，提供一些不轻易经眼的文献资料。老师对这个学生倒也施以青眼，采取自由放任态度，提供了最优渥的奖学金，有酒食则师生同馔，老师埋单付账。在耶鲁大学学习期间，郑培凯自己说，从老师习得的最大收获，就是如何平衡历史书写的客观材料与剪辑材料的主观想象，运用之妙，存乎一心。而那个“一心”，则类乎章学诚说的“著书者之心术”。

《天安门：中国人及其革命，1895—1980》一书在1981年出版之后，郑培凯立即以之作为讲授中国近代史的辅助教材，并深深佩服史景迁驾驭纷繁史料的本领。此书不但资料剪裁得当，文笔也在流畅之中流露深厚的历史同情，使得历史人物跃跃欲出。郑培凯曾自动请缨，向史景迁建议申请一笔译书经费，翻译成中文出版。他当时也大感兴趣，认为由这个亲自指导的学生迻译成中文，应当可以掌握他的文气与风格，忠实呈现他的史笔。然而，后来因为经费没有着落，郑培凯又教研两忙，杂事纷沓，抽不出时间进行这项工作，只好放弃了一件学术功德，让它变成“姑妄言之，姑妄听之”的逸事，回想起来，不禁感到有愧师门。这本书翻译未成，倒是触动了史景迁编写一部中国近代史教科书，同时辅以一本中国近代社会文化史料选译集的想法，商之于郑培凯与李文玺（Michael Lestz）。这两位学生遵从师教，花费了五六年的时间，终于完成了这项史料翻译选辑工作，出版了《寻找近代中国之史料选辑》（*The Search for Modern China: A Documentary Collection*, New York, Norton, 1999）。

近年来，出现了不少史景迁著作的中文译本，几乎包括了他所有的专书，质量则良莠不齐，有好有坏。有鉴于此，广西师范大学出版社的总编辑刘瑞琳女士想出一个方案，策划集中所有中文译本，邀请郑培凯做主编，选择优秀可靠的译本为底本，重新校订出版。郑培凯与史景迁商议此事，立即获得他的首肯。广西师大出版社经过一番努力，终于取得史景迁全部著作的中文翻译版权，也让郑培凯感到可以借此得赎前愆，完成二十年前未遂的心愿，可以亲自监督校订工作，参与翻译大计。然而兹事体大，怕自己精力有限，不能逐字逐句校读所有的篇章，无法照顾得面面俱到，便特别延请了研究翻译学的鄢秀，共同担任主编，同心协力，校阅选出的译本。

在校阅的过程中，我们发现，即使是优秀的译本，也难免鲁鱼亥豕之误。若是笔误或排印的问题，便直接在校阅之中一一更正。还有一些个别的小错，是译者误读了原文，我们便效法古人校雠之意，经过彼此核对原文之后，尽量保持译文语句，稍作改译，以符合原文之意。

我们在校读的过程中，发现最难处理的，是译文如何忠实表现史景迁原书的风貌。史景迁文笔流畅，如行云流水，优美秀丽，时有隽永笔触，如画龙点睛，衬托出历史人物的特质或历史事件的关键，使读者会心，印象深刻，感到有余不尽。我们看到的各种译本，虽然有的难以摆脱欧化语法，大体上都还能忠实原作，在“信”与“达”方面，差强人意。但若说到文辞的“雅”，即使是最优秀的译本，也因为过于堆砌辞藻，而显得文句华丽繁复，叠床架屋，是与原著风格有一定差距的。由于译本出于众手，每位译者都有自己的文字表达风格，因此，我们校读不同的译本，只能改正一些排版的错误与翻译的误读，无法另起炉灶，进行全面的文体风格校订。

翻译实在是难事，连严复都说，“一名之立，旬月踟蹰”，真要挑剔起来也是没有止境的。我们作为史景迁系列作品的主编，当然要向原作者、译者及读者负责，尽心尽力，精益求精，作为学术功德，完成这项计划，为中国读者提供一套最为精审的译本。我们也希望，读这套译本的中国读者，要体谅翻译的限制，能够从字里行间，感到原作的神韵，体会原作的惨淡经营，又能出以行云流水的笔调，向我们诉说中国近代历史与人物。故事原来都是我们的，听史景迁说起来，却是如此动听，如此精彩，如此引人入胜。

代译序

李孝悌

以我自己的了解，过去三十多年，美国学者在中国史研究的领域中，表现最突出的要算是中国近代社会史了。这样说，当然不是要否定个别学者在思想史、政治史、文化史或其他领域中的贡献。我们说西方学者在近代社会史的研究上有突出的成绩，主要的一个原因，是中国学者自己过去在这个领域中的研究，或者完全空白，或者虽有著述，却乏善可陈。在这样的环境下，西方学者的社会史研究，原本就容易收开疆拓土之功，并予人耳目一新之感。再加上论证精密，分析细致，几十年累积下来，在实证研究和理论创建方面，累积了可观的成果，也让我们对中国历史有了全新的领会。

这个领域研究的主要课题，包括中国社会的性质、民众叛乱、民间宗教、基层组织及地方社会。史景迁教授在二十多年前写的这一本《王氏之死》，在类别上可以归到地方社会这一项，但在风格和取径上却和其他的研究大不相同。后面这一类学者，像孔飞力(Philip Kuhn)、裴宜理（Elizabeth Perry）或杜赞奇（Prasenjit Duara)，着重在资料的分析和理论的建立，走的是标准的学院派厚重的经典著述传统。本书作者则一向偏重于文学性的叙事，试图通过高超的叙事技巧和敏锐的感知能力，在僵化的史料背后，重新塑造或捕捉逝去的时空和人物的生命。这一点，在《王氏之死》上，表现得格外突出。

以资料而论，《郯城县志》和其他几个地方的方志，是本书的重要依据。这一类资料，在中国史研究中再普通不过，我们大多数以中文为母语的史学家信手翻过，不费吹灰之力，却从不曾在这些看似因循呆板的资料中，看到任何可以大作文章的质材。黄六鸿的《福惠全书》，对细节的记叙有超乎一般官箴的异常兴趣，但如果用在我们只看到事实却看不到故事的学者手中，恐怕也就平白糟蹋掉了。本书使用的第三种资料《聊斋志异》，属于虚构的小说，作者大量使用来建构清初山东地方民众的心灵图像，在二三十年前的美国汉学界，曾引起一些争议。但从今天文化史研究的立场看来，这种历史文献和文学作品并冶一炉的手法，反而显现了作者的创意和先见之明。

我们有大量关于中国近代区域和地方社会的研究，在看完了一串串真实的数字、图表统计和长篇累牍的征引文字后，却依然对被研究的社会、人民一无所知。史景迁教授使用的资料，看似简单、平常，但通过他奇幻的叙事和文字，郯城这个三百多年前中国北方的一所穷苦的聚落，却以那样鲜明强烈的形象逼近眼前，久久挥拭不去。一直到现在，我还清楚地记得，1668 年的那场地震，如何极具象征性地将我们带进郯城的历史。通过一幅幅鲜明的图像和具体的描述，我们才真正进入我们曾经靠着抽象的概念徘徊其外的乡村世界，真正走进这些人的生活和他们的苦难与梦幻之中。

我还记得，妇人王氏如何经由几条可能的路线，和不知名的男子逃离郯城，最后又屈辱地回到归昌老家的三官庙里，再被她一度遗弃的丈夫带回那间四望萧然的林前小屋。我永远无法忘掉最后那一幕，王氏穿着软底红布睡鞋，躺在被白雪覆盖的林间空地上。王氏短暂的一生和发生在这块土地上的一切不幸与喧扰，虽然就此落幕，却在后世读者的心中，留下永难磨灭的记录。

在将原文还原的过程中，我们根据资料，在几个地方做了些微的更动。史景迁、金安平教授夫妇和中研院傅斯年图书馆的邹秀宝小姐，协助我们查证部分译文，并取得1673年版的《郯城县志》影印本，谨此致谢。

另外，就本书的翻译体例，特予以说明如下：作者引用原籍文句处，短则以原文呈现，长则以白话译出，以利读者阅读，原文则另置于书末附录。

目　录

神山
磨山
峰山
（万松山）
石梁山
芙蓉山
山川坛
马头镇
演武亭
卧虎山
康公祠
马神庙
遗爱祠
长城店
保安官庄
儒学
圆明
沂河
优虑山
于公墓
三关庙
定国墓
大方湖
雷神坛
关王庙
艾山
郯子墓
小山
采蓬湖

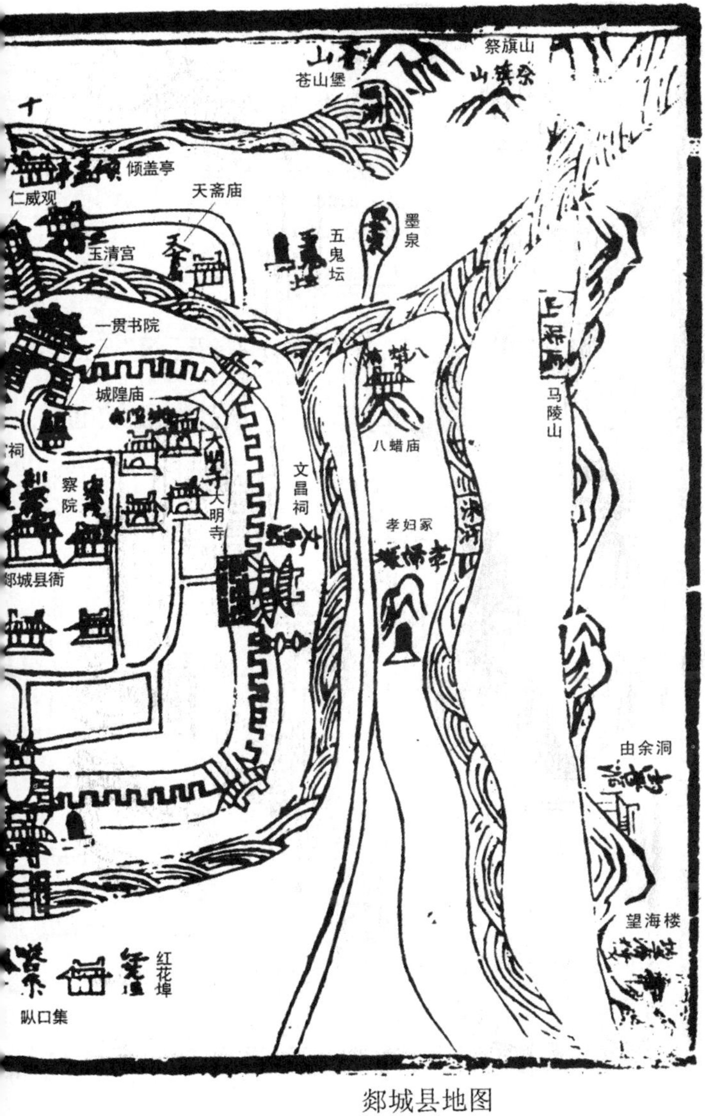

郯城县地图

引自《郯城县志》(1673)，页vi-vii。

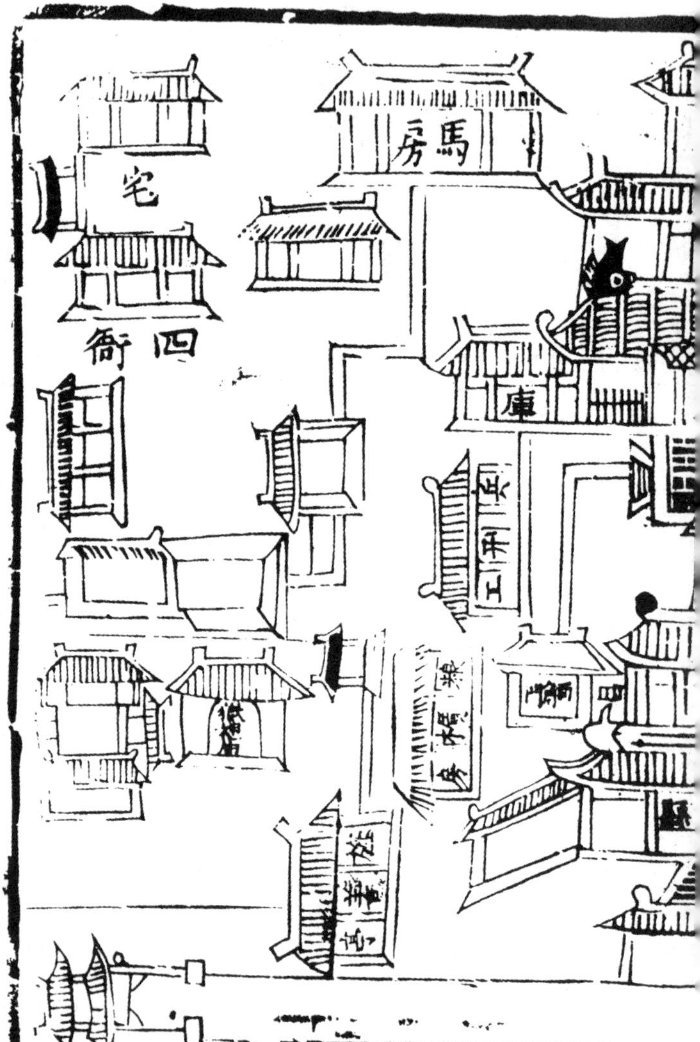
馬房
宅
四衙
庫

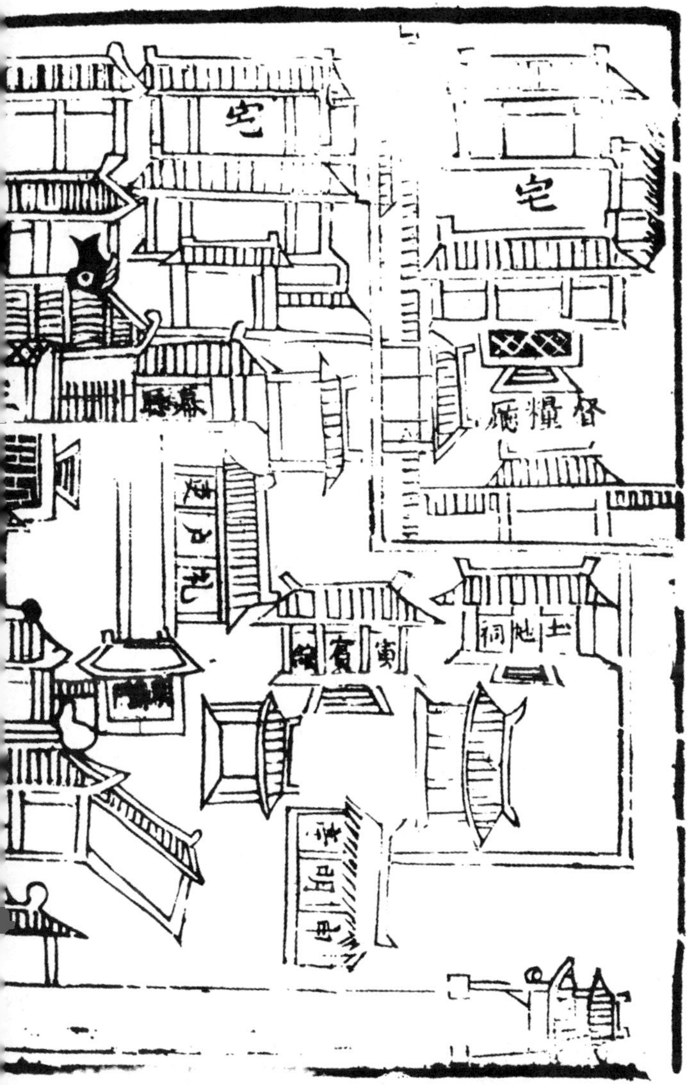

郯城知县衙门配置图

引自《郯城县志》(1673),页xviiv-xix。

黄河
北京
郯城
中 国
南京
长江
广州
0
400英里

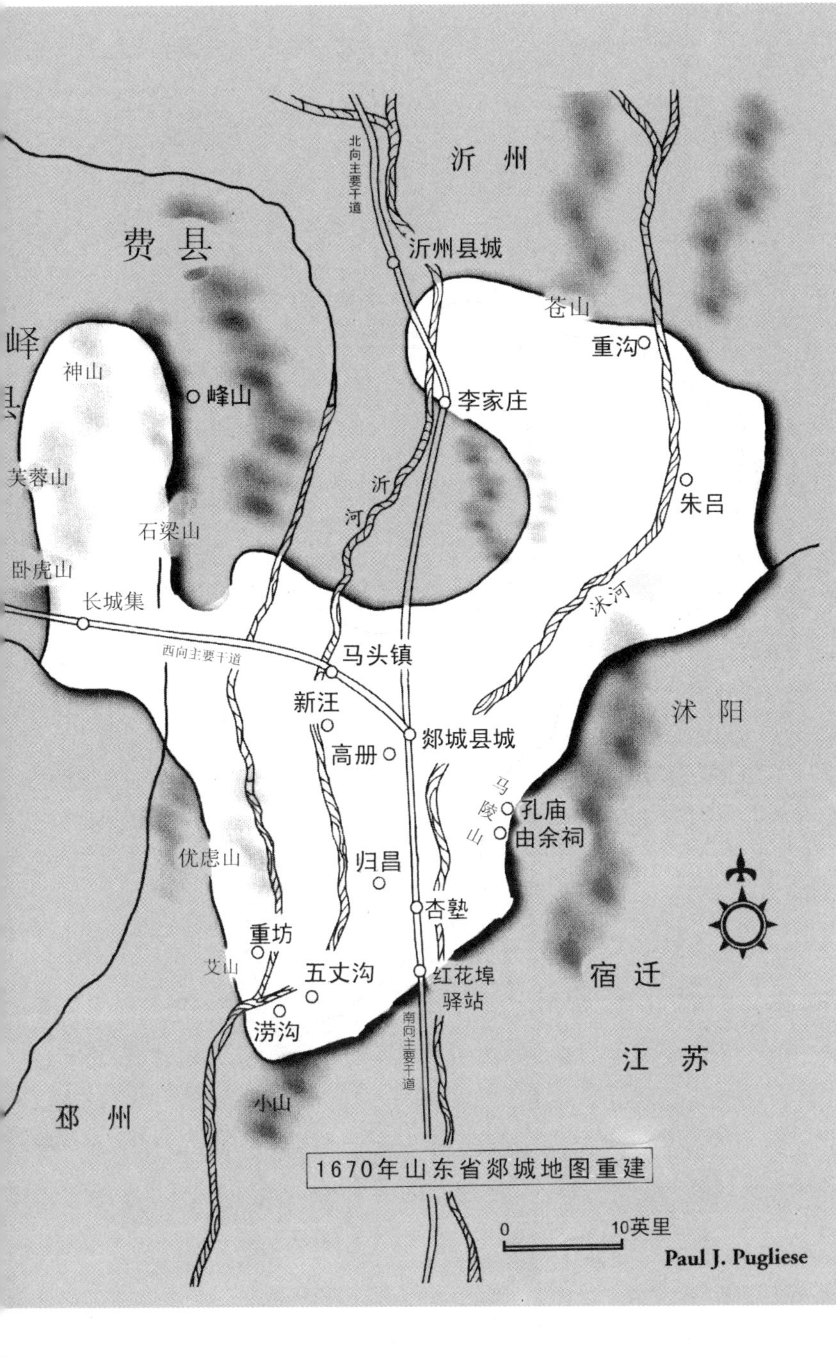

1670年山东省郯城地图重建

逝去的，埋葬了吗？又一个失落的物件？

但并没有任何东西消逝。或者，一切都是翻译

我们的每个片段都消逝于其中……

——詹姆斯·梅里尔（James Merrill）

致　谢

Acknowledgments

我对许多图书馆馆长及馆员的好意，和迅速的协助谨致谢意：特别要感谢耶鲁的马敬鹏（Anthony Marr），但也要同样感谢剑桥大学图书馆、芝加哥大学图书馆、哥伦比亚大学图书馆、哈佛燕京图书馆、伦敦亚非学院和东京内阁文库的工作同人。

除了从耶鲁同事及学生处获得协助外，我在哈佛（法学院、人类学系及历史系）、曼荷莲女子文理学院（Mount Holyoke）及普林斯顿讲授本书最初的一些构想时，也受益于听众的评论及批评。

我也很感谢黄伯飞（Parker Po-fei Huang）、谢正光（Andrew Hsieh）以及吴秀良（Silas H. L. Wu）在翻译和解释上的诸多协助。三个人都慷慨地奉献时间，提供知识。也谢谢安娜·殷瑟勒拉（Anna Maria lnsolera）及莎莉·包若拉（Sally Bozzola）。谢谢露斯·柯兹保（Ruth Kurzbauer）和弗洛伦斯·托马斯（Florence Thomas），以及伊丽莎白·西夫顿（Elisabeth Sifton）。

我尤其希望能向已故的亚瑟·芮沃寿（Arthur Wright）教授致上

深深的谢意。我像以前一样感谢他，但这一次是最后一次。他很有耐心地在谈话中评论了无数的段落，并用极具批判性的敏锐、感情和活力评论了本书的初稿。我们在仲夏夜的酋长海岬（Sachem's Head）上辩论王氏及郯城县的最后一次散步，我会永远铭记于心。

注释中所用的缩写

冯 :《郯城县志》，主编及作者为冯可参，十卷，编者写序的日期是 1673 年。后来由不同编者编纂的版本分别出现在 1763 年和 1810 年，下文引作《重修郯城县志》(1763)和《续修郯城县志》(1810)。

黄 :《福惠全书》，黄六鸿著，作者作序的日期是 1694 年。新版由山根幸夫编纂（后来的版本由小畑行兰编辑），京都，1974 年。

蒲 : 蒲松龄写的《聊斋志异》，作者作序的日期是 1679 年。我用的是张友鹤根据蒲氏原稿辑校的《聊斋志异》会校会注会评本，三册，上海，1962 年。

前　言[1]

Preface

这本书的背景，是 17 世纪中国东北部的一个小角落。具体位置是山东省郯城县，大部分的情节于 1668 年到 1672 年发生在此。焦点集中于当时当地非知识精英阶层的人身上：农夫、农场工人和他们的妻子。他们在困难的时候，没有官方关系来帮助，也没有有力的亲属组织去投靠。我从四次小的危机中去观察这些人：第一项，牵扯到土地的耕耘和从那块地上征收的赋税；第二项，一位寡妇保护她的小孩和遗产的企图；第三项，由一次地方争斗引发的暴力事件；以及第四项，一位王姓妇人的决定，她不愿意再面对一种无法接受的现状，而选择逃离郯城的家和丈夫。我说这些危机是“小的”，是就整个历史记录的脉络而言。对实际牵扯在内的人来说，这些危机有绝对、攸关生死的重要性。

我刻意试着让这个故事保有乡下风味和地方色彩，因为过去对近代以前中国乡村所做的描述，不是取材于特定的地方，而是在广大的地理区域和极长的时间内搜集证据，这一过程几乎无可避免地会失去个人的特性。另一方面，当人们真正在从事地方性研究时，他们的焦点并不集中在乡村地区自身，而是因为那些地区有其他更引人注目的特色，例如：那里曾经出过多少有才气的人；或是当地曾被叛乱事件的凶残行为所荼毒。再不，就是因为当地经济条件的利益和多样性，以及社会组织的历史复杂性。然而郯城却是个默默无闻的县分；它在17世纪没有产生杰出的人物，经济和社会状况的资料不足，虽然灾祸不断，当地居民却没有叛乱。

要从过去召唤出那些穷人和为人遗忘者的生活总是困难的。让人觉得讽刺的是，中国人对国史和县史的撰写至为周备，地方记录却多半未见保存。我们通常找不到验尸官验尸、行会交易、严密的土地租赁记录，或教区出生、婚姻、死亡记录之类的资料——而正是这些资料，使我们能对欧洲中世纪后期的历史，作极其周密细致的解读。然而，还是有些资料四散各处。我主要依靠三种不同的资料，试着钻探出一条通往郯城世界的小路。

第一种资料是1673年编的《郯城县志》。传统中国的县志通常陈陈相因，由有学养的士绅精英的成员所编纂。他们用一定的排列顺序处理县史的一些主题，如县的地理位置和地形，城市和城墙，地方政府的官署和衙门、庙宇，土地和租税制度，地方名士和现职官员的传记——被认为格外“忠贞”或“贞洁”的妇女传记也包括在内。当军队、盗匪或自然灾害的出现直接影响到这个县时，也会被记载在方志中。《郯城县志》在内容或格式上没有什么不寻常，但它对这个县的困苦的描述写实而鲜明。这一类方志中，对细节描写的详略各有不同，通常和事件发生的年代与撰写的年代的距离成反比。《郯城县志》编纂于1673年，意味着编纂者对先前几十年的事情有直接而冷峻的记忆。这部方志的主编冯可参，似乎也满于编纂一部真实的凄凉记录，而不以礼节或怀旧之情加以美化或粉饰。

第二种资料，是官僚学者黄六鸿于1690年所编纂的一本关于县官生涯的个人回忆和官箴。同样的，这也不是一个全新的类型。这类官箴以前就有，意在教官吏如何评估他们自己的角色，如何根据自己和县内居民的利益行事。（这里有相当的重叠，因为如果一个县的居民被贪婪、愚笨、残酷或无能的施政刺激到起而抗争或拒缴税款时，知县很可能被重罚或解职。）这1400位在17世纪中国任一时间内担任知县的人，处在一个困难的位置上。因为他们虽然在辖区内有很大的权力，是地方上主要的司法官、财政官和公众安全的守护者，但是在他们上面有知府，知府之上有巡抚，再经巡抚至北京的六部及皇帝本人，因此在这个复杂的命令之链中，他们只不过处于低层。更进一步，一部完整法条化的行政法典规范着他们的日常行为，就像庞大的《大清律》由前朝明代的判例赓续发展，试图将全体人民中所有已知的犯罪种类和越轨行动系统化，并对所有的罪行施以固定的惩罚。知县们对这些法律的解释和奉行不断受到上级的查验，上级也要求他们对辖区内任何的错失负责。当黄六鸿在1670年到1672年担任郯城知县时，他所承受的这些限制和压力，并不亚于其同侪。但他是一位格外敏锐的观察者，重视细节，并对准确有一种偏执：在他写官箴时，常会写出某一特定事件发生的正确时刻或日期（阴历），确切的金额或人数，以及参与某一特定交易或对抗行动者的身份。当我们在县志或其他当代的记录里再核对这些细节时，它们完全正确无误。因此，黄不以概论而自满。在官箴里，他以一些个别的例子描述自己对行政和法律的观点，本书的中心，就是取自这些例子中与郯城有关的四则。

第三种资料是随笔作家、短篇故事作家兼剧作家蒲松龄的作品。蒲松龄住在淄川县稍北，淄川、郯城中间被一排土匪出没的山丘隔开。蒲虽然在西方不具盛名，却是中国最具才华的杰出作家之一。当我发现他会于1670年代在山东从事写作，并于1670年和1671年经过郯城时，就决定从他的观察角度来补冯可参和黄六鸿较传统的历史、行政著作之不足。因为虽然冯和黄意外地带领我们深入当地的一个重要部分——一个关于个人愤怒和不幸的领域——他们却无意探究郯城的另一些领域：寂寞、性爱、梦想；而正是这些领域迷住了蒲松龄。我因而在他的许多面向中引据了三项：山东回忆的记录者，说故事的人，以及形象的塑造者，在这一方面，他有时有令人想不到的优雅或力量。对我而言，唯有通过蒙太奇的形式，对这些形象作某些结合，才可能超越那个已逝的世界中的其他资料，更趋近王氏，表达出她在临死前的睡梦中可能有的一些想法。

因为本书始于王氏，所以也理所当然地跟着她结束。当我几年前在一间图书馆中，意外地发现她的故事时，她引导我进入郯城和郯城历史的悲痛，引导我第一次进入一个在所有看得见的财富、影响力和权力分配上都失利的边缘县分。我仍然不知道她的故事可以告诉我们多少关于整个清朝的事，但是我猜有许多女人像她一样，就像许多县跟郯城一样，受苦受难，缴租纳税，然而回报却很少。

我对王氏的反应是模糊却深远。她对我而言，就像人们在退潮的海水中看到的，在群石中微微闪亮，而以近乎后悔的心情从浪潮中拾起的一颗石头，知道很快地随着石头在太阳下晒干，遍布在其上的色彩会褪卸消逝。但在这个案里，色彩和纹理没有消退：当它平躺在我手里时，色彩和纹理反而显得更鲜明。不时地，我知道是石头本身在传热给握持它的血肉之躯。

史景迁

耶鲁大学提摩西·德怀特学院

1977 年 5 月 15 日

注释

1 对现代化之前的乡村中国，以英文做过最广泛研究的，当属萧公权（Hsiao Kung-chuan）的《乡村中国：19 世纪的帝国控制》及何炳棣（Ho Ping-ti）的《中国人口研究，1368—1953 年》。针对中华人民共和国成立以前的过渡时期，马若孟（Ramon Myers）的著作极有参考价值：《中国农民经济：河北和山东的农民发展，1890—1949 年》。

杰出的地区研究有：韩书瑞（Susan Naquin），《千年末世之乱：1813 年八卦教起义》；柯尔（James Cole），《绍兴：清朝社会历史研究》；魏斐德（Frederic Wakeman）和格兰特（Carolyn Grant）合编的《帝制中国晚期的冲突与控制》中，由魏斐德、邓尔麟（Jerry Dennerline）和波拉切克（James Polachek）所写的论文；欧中坦（Jonathan Ocko）的《丁日昌与江苏的复兴，1864—1870 年：修辞与现实》；以及贝蒂（Hilary Beattie）的《中国的土地与族系：明清两代安徽桐城县的一个研究》。

虽然在这里将一些中世纪西方的乡土研究列成书目，显得无关紧要，我仍然想到下面几部作品（跟我自己的研究范围相近，却更为详尽），像是哈诺瓦尔（Barbara Hanawalt）的《14 及 15 世纪早期英格兰的横死》，或是肖尼（Pierre Chaunu）所写关于《16、17、18 世纪巴黎之死》的要点陈述。

黄六鸿的回忆录及官箴，书名是《福惠全书》，字面的意思是“幸福与慈善全集”，书中有一篇作者在 1694 年写的序。黄六鸿提到另一本对他特别有帮助，可以作为模范的地方官箴——潘杓灿在 1670 年代中期写成，在 1684 年出版的《未信编》（参见黄自己的“凡例”，页 5；及山根幸夫为黄的《福惠全书》所写的序文，页 3）。黄在《福惠全书》页 229d 告诉我们，他也很钦佩李渔的行政研究选集（政书或公牍）——《资治新书》（1663 年初版，1667 年扩充再版）。关于主要的知县官箴，参见瓦特（John Watt），《帝制中国晚期的知县》。

有关蒲松龄作品更全面的参考资料，列在第一章“观察者”的注解中。除了各种地方史中的简短段落外，唯一一篇特别称许郯城的文章，是我无意中发现的禚梦庵的《郯城沂南诗社》，出版于 1977 年初。在这篇文章中，禚回忆清末马头镇的一些有名的诗社，并语带赞赏地回想邻近郯城的沂河风光。作者现在住在台湾，文章中透露出他对家乡的缅怀之情。

第一章

观察者

The Observers

1668 年 7 月 25 日，一场地震袭击郯城县。傍晚时分，月亮缓缓升起。除了一阵像是从某处发出、传向西北的吓人轰隆声外，没有一点预警。市区里的建筑物开始摇晃，树木也开始有韵律地摇摆，然后是更激烈的前后摆荡，直到树梢几乎碰地，接着又是一次剧烈的摇动，震垮了大片的城墙、垛口、官衙、庙宇和数以千计的民房。宽广的裂缝穿过马路和房屋下方，水柱喷向空中，高达二十英尺，甚至更高。裂泉涌向路面，淹没了沟渠。试着维持立姿的人，觉得脚像是旋转失控的圆石，终于跌落在地面。

有些人——像李献玉——掉入裂缝中，所幸碰到地下水流而浮起，抓住了裂缝边。有些人的房子被震成两半，当储藏室滑入土中时，他们在起居室中幸存下来。有些人只能无助地看着家人一一死去。高德懋跟他的妻妾、小孩、亲戚和仆人共二十九人居住在一起，但只有他、一个儿子和一个女儿逃过一劫。

就像来时一样的突然，地震停了。大地静止，水流退去，只留下一些边缘尽是淤泥和细沙的裂缝。残垣颓壁一层层地堆积在塌陷处，像一组组巨大的阶梯。[1]

1673 年编纂《郯城县志》的冯可参写道，命运仿佛是在“落井下石”。[2] 冯重复了约一世纪前当地史家对郯城所作的两项一般性观察：第一，虽然在专记地方事件的编年志中，人们可能会预期在“灾异”和“祥瑞”间有一均等的记载，但在郯城，十件事中有九件是落在灾异这个范畴；第二，大自然通常以十二年为一循环——六年富足、六年饥饿——的形式展现，而在郯城，每十二年中也总会有一次严重的饥荒。[3]

冯在郯城县住了五年，生活对他诚非易事。他在 1668 年间到郯城担任知县，但因为连续两年处理县内帝国驿站的马匹及财政不力而被免职。他穷困潦倒地留在郯城（或许因为被罢黜而无颜返回福建邵武的老家），靠当地士绅的施舍和写作赚来的钱维生。毕竟他曾在 1651 年取得进士这个最高头衔，而在郯城，除了他没有一个在世的人获得进士，甚至没有任何活着的当地人获得地位较低的举人。[4] 所以冯在该地受到尊敬，并能借着教书和一些找上门的临时工作——如《县志》的主编——赚一些钱。他在 1673 年年底完成了《县志》，回到福建，但这次回乡只带给他更多的悲伤。他到达时正好是三藩之乱爆发之初，冯和许多文人及前任官员奉叛乱团体之命出任他们的“官”职。但他拒绝了。（年轻时，在得知李白曾在反叛的永王璘的团队中写诗后，他就拒绝再读任何这位他心仪的唐朝诗人的作品。）与其面对叛军的报复，冯宁愿退隐到福建山中，然而山区恶劣的天候却夺走了他的生命。

或许由于他在郯城的一些郁闷的经验，在他为《县志 · 户赋志》所写的几篇序论中，冯非常坦白地写下这个地区的不幸遭遇、居民的贫困以及当地士绅在纾解困境上的无能。他迷上了郯城受灾的统计数据，并一再地用到这些统计数据。他估计在 1670 年代初期，郯城的人口只有五十年前明朝末年人口的四分之一；在明末，郯城人口一度远超过二十万，现在则只剩约六万。而且登记上税的耕地面积几乎减少了三分之二，从三百七十五万亩降到一百五十万亩以下。当他默默思索着 1668 年的地震时——这场地震在他就任知县仅几个月后袭击郯城——他笔下的数字甚至更为精确。为了强调他的论点，他把郯城跟北方较大的邻州沂州做比较：沂州有一百零八个社，郯城有四十五个；然而在这场地震中沂州死了一万二千人，在郯城（人口远不及沂州的一半）却几乎有九千人丧命。[5]

到 1668 年为止，郯城的居民已经遭受了五十年的磨难。许多人死于 1622 年的白莲教起事。[6] 这一年，教徒乘着山东地方的悲惨境遇，起而造反，蹂躏郯城周围的城市，并且引诱成千上万的农民，带着少数几件家当，乘车或步行离开家园。叛乱的领袖——像是来自邻近邹县的侯武——为穷人提供了一幅美景："金山、银山、麦山、米山、油泉和酒井"，并向虔诚的信徒保证"此生永不再贫穷"。那些离开家园去寻找乐园的人，最终不是陈尸山野，就是遭政府军砍杀，或是死在为捍卫家园不受亡命之徒干扰而战的山东乡民手里。

在 1630 年代，有更多郯城人死亡，他们死于饥饿、盗贼或疾病。1640 年代，新一波的灾难循环开始。1640 年，大群蝗虫飞进郯城，继一整个夏天的干旱之后，摧毁小麦收成所留下的所有残余，并在麦田上产卵。[7]当人们封锁门窗，试图把蝗虫隔绝在外时，它们却依附在房子的墙上，并且蠕动进入人们的衣服中。它们爬下烟囱，用躯体的重量压熄炉火。那年冬天的饥荒延续到第二年春天，当地农民试着找出适当的字眼来形容这场饥荒——他们用谚语的格式将绝望合理化："兄食其弟，夫食其妻，辄相谓曰：与其为人食，不如吾自食，稍延旦夕之命。"或者："与其父子兄弟夫妻俱毙，不如食父食兄食夫，自延其命也天理。"《县志》上写道：在乡下，连最亲近的朋友也不敢再一起走进田野。

盗匪随着饥荒来到。1641 年 4 月，一支为数几千人的队伍从沂州南下到郯城。[8]他们劫掠了位于县境的集镇李家庄，然后朝西南行进到马头镇。他们同样劫掠此地，并在停留三天之后，放火烧了店铺和住家。接着向东移到郯城县城，进行围城。但这批盗匪在马头镇停留的三天期间，给了郯城的居民进行组织防御的空档。他们用石头、泥巴堵住城门，城墙上架设了火炮，随时可以发射。在王英等人的领导下，地方的防御武力得以组织起来。王英是个老兵，在 1622 年白莲教攻击时，曾帮助当地士绅防御郯城，表现优异，所以地方士绅（成功地）向朝廷请愿，授与他把总的正式官阶。[9]

一块刻有 1641 年二百九十二位郯城防御者名字的石碑，多少可以看出郯城县较有影响力的人，是如何拥入城中，寻求自保。这份名单由两位徐姓人士以及学者杜之栋所领衔。徐姓人士的田地位于西边的归昌，两人分别是 1594 年中举的当地名士的弟弟和儿子。而学者杜之栋在 1624 年同样中了举人。杜家的田产位于东北方三十英里处的下庄社，至少有十二位家族成员列名于防御者名录。名录中也有许多来自其他望族的成员——如来自高册社的张家、刘家和来自池头社的李家；有来自整个郯城县近九十位的秀才，大概是当时县里秀才人数的三分之一；另外还有三十位已获知县颁发资格证明的童生；有近二十位地方或城镇的守备、哨长，他们显然放弃了应该守护的乡间，而逃到郯城县城寻求更安全的保护；还有低阶军官、医生、书吏、衙役、商人、炮手、家丁以及在石碑中列名最后的一位道士。[10]

这一群人和其他一些未知名的民众，在 4 月 15 日和盗匪周旋了一整个早上，使他们无法接近。由于几发炮弹幸运地击中了盗匪的营区，再加上突如其来的一阵狂风吹得四周飞沙走石，阻碍了盗匪的攻击，终于将他们击退。盗匪最后放弃攻击主市区，转而劫掠郊区，然后向南朝红花埠驿站和镇区而去。[11] 该地保证无虞的马匹——这里随时备有许多马匹，以供往华中的各驿路使用——和艳名远播的妓院，将他们诱惑至此。在这里，同样让人分不清方向的沙暴迫使居民留在家里，紧闭门户避难。由于不知盗匪逼近，他们来不及逃跑，就在自己家里被砍死，或因房子遭纵火而被烧死。在这次袭击后，这群盗匪继续行进到江苏，5 月末再度转回，停留了三天。这段时间内，他们摧毁了夏庄集附近的一大片村落。

在这类短暂而凶猛的攻击中，是穷人摧毁了穷人，士绅阶级反而可以躲在郯城县城内的城墙后避难。但是当 1643 年 1 月，由阿巴泰将军率领的一支满洲军队攻进郯城时，连最富有的人也无处可躲，死者名单中有许多是打过 1641 年护城战役的生还者。[12] 在《县志》简洁的描述中写着：

> 十五年十二月十一日（1643年1月30日），大兵破城，屠之官长。俱杀绅士、吏民，十去七八。城之内外，共杀数万余人。街衢宅巷，尸相枕藉。残伤孑遗，践尸而行，民伤大半。至十六年正月初三日（1643年2月21日），大兵营于境内。南自沈马庄，沿沭河，西北至沂州，上下七十余里，相连五十四营。驻扎一十二日，阖境焚掠，杀伤甚多。又攻破苍山堡，杀死人民男妇万余。

在阿巴泰返回满洲后写给清朝皇帝的报告中，对某些村社的细节不屑一提，而只说从华北一带获得：

> 黄金万有二千二百五十两，白金二百二十万五千二百七十有奇。珍珠四千四百四十两，各色缎共五万二千二百三十疋。缎衣、裘衣，万有三千八百四十领。貂狐豹虎等皮五百有奇。整角及角面，千有一百六十副。俘获人民三十六万九千名口。驼马骡牛驴羊，共三十二万一千有奇。外有发窖所得银两，剖为三分，以一分给赏将士，其众兵私获财物，莫可算属。[13]

1644年，李自成的叛军夺取北京，明亡，随后叛军又被胜利的满洲军逐出北京。但这些在中国历史中如此凸显的事件，却几乎没有出现在郯城的记录中。《县志》仅描述北京陷落后“混乱至极，盗匪四起，烧杀数月，而无平之者。人民受创至巨”。当胜利的清军——现在是中国的征服者，而不再是一个掠夺团体——进入郯城时，我们已经看不到什么关于1644年的记载，除了一位还活着的举人，杜之栋（他的妻子和小儿子一年前才被清军杀害），率领居民从城墙后走出来，正式向清军投降的细节。[14]

满洲征服中国，并未替郯城的命运带来明显的改变，尽管它允诺要恢复秩序、繁华，结束明朝旧有的腐败和无能。从1640年代末到1650年代末，郯城依然沿续着先前的模式。1649年中，沂河泛滥，冲毁了马头镇下游绵延十五英里的一大片带状土地上的秋季作物。1651年秋，沂河和沭河相继泛滥，大量河水倒灌到田野，新上任的知县只好坐船经过泡水的大地到郯城县城就任。次年，在连番夏季大雨后，两条河再度泛滥，摧毁了小米和高粱作物，带来一场冬季饥荒。1659年暮春，经过十六天连绵不停的大雨后，这两条河又泛滥成灾，而此时，正是大麦和小麦准备收成之际。农民们只能无助地望着已收割的成束麦秆随波而去，未收割的沉重麦穗沉到水面以下。[15]

更多的盗匪随着这些自然灾害的降临而出现——1648年，西北山区来的土匪掠夺了马头镇；1650年，一群被从山东西部菏泽县大本营赶出来的土匪，掠夺了归昌市集，并让附近的区域变成一片废墟；1651年，另外一大群被政府军赶出位于西北方基地的土匪，击破了郯城县城的防御，四处劫掠。每一次袭击，《县志》都有一些沉痛的故事：姚氏，1648年时十七岁，当土匪把她拖出家门时，她诅咒不已，一直到土匪割掉她的手臂，将她杀死时，她还是骂个不停。孙氏，1650 年在盗匪的注视下，从被盗匪烧成灰炉的房子中，收拾丈夫和婆婆的尸骨，落土安葬。经历了十五年的战争和掠夺而幸存未死的杜之栋，在 1651 年的袭击中，因不愿被当成肉票带走，而在咒骂土匪声中于自家门口遭到杀害。活下来的亲属经常无法从成堆的死尸中辨识自己的亲人，只能经由衣服的残片指认，或者不情愿地将死者集体掩埋。[16]

黄六鸿 1670 年到郯城当知县时，发现当地人民的问题是：如何在眼前这个看似崩解的世界中，求取肉体和道德的基本生存。他在那年夏天就任后，即着手询问地方士绅和一般民众对于地方的看法，下面是他对众人回答的记录：

> 切照郯城，弹丸小邑，久被凋残。三十年来，田地污莱，人烟稀少。极目荒凉之状，已不堪言。复有四年之奇荒，七年之地震，田禾颗粒无收，人民饿死大半。房舍尽皆倒坏，男妇压死万余。即间有孑遗，昼则啼饥号寒，夜则野居露处。甚至父子不能相顾，室家不能相保。老弱转徙于沟壑，少壮逃散于四方。往来道路之人，见者酸心流涕，意谓从此无郯民矣！[17]

几世纪以来，中国已发展出一套固定的格式来描述乡村的苦难。类似上述的段落，可以在许多方志和官员的回忆录中找到，而通常这些段落可能只是虚饰的修辞，没有实质的内容。但至少对郯城而言，这些描述是相当真实的。在兖州府有二十七所县城，郯城和沂州一般被认为是其中最贫困的两区：而当黄六鸿比较这两个地区时，他发现郯城显然更糟。[18]明末郯城有八个紧急谷仓：县以下的四个乡各有一个，一在马头镇、一在南边的驿站、一在县城、一在西北的神山。到 1670 年，所有的谷仓都遭摧毁。当地幸存下来的富人不愿再做任何捐献或重建谷仓，他们甚至对只借出紧急用粮，由县府以固定利息偿还，直到清偿所有本金这样的建议也不予回应。[19]同样的，为准备府试的进阶举子所设立的六所县学和三所社学，也全遭损毁或弃置——这些学校有人们捐赠的房舍，房舍出租的收入可以用做老师的束修，此外还有土地和菜园——地方富豪也未加以重建。[20]与其跟乡里分享资源，他们宁愿请人在自己家里教导子弟。1668 年的地震摧毁了更多县城建筑和大范围的城墙，但即使在地震前，许多建筑也早已沦为废墟。县医的诊所也没了，通往南边宿迁的主要干道上的一座桥垮了，各个庙宇也破坏殆尽。[21]

黄六鸿来自河南一个无足轻重的官宦之家，学识渊博，观察敏锐。他通过举人考试，郯城知县是他的第一个职位。[22]他的责任是试着将破碎的乡里重新整合。二十年后，他在苏州过着舒适的退休生活，并撰写回忆录和官箴。他以感人的笔调描述自己如何试图调解周遭的不幸。他显然以相当的技巧来服务桑梓，试图让上司——并经由他们说服北京政府——减免当地的税收和徭役，从宽评估开垦的土地，以便纾减几十年来的灾难和致命的地震所带来的后果。要取得这种让步，就必须不断施压，因为政府行动缓慢。而且对北京而言，全国有几百个郯城，每一个都有自己定义的危机，每一个都需要据以评估。1668 年的地震过了好几个礼拜，户部的官员才来检视地震在山东中部造成的灾情，赋税减免则花了十八个月才获核可。户部的最后决定是，像这样的地震应视同严重的干旱或洪水，当地居民因此得到一年百分之三十的赋税减免，这项减免并扩及到那些已经摊付今年一部分税收的居民。鉴于本区伤亡人数的惨重，户部也建议将郯城预估的徭役总人数减少四百人。然而，郯城的地方官却不认为这是宽惠之举，因为根据他们估计，地震死亡人数中大约有一千五百位在赋役册上登记为应服徭役的壮丁。因此政府的决定意味着地方当局得另行找出一千一百位先前未登记的男性，将他们列入强迫劳动的名册中。[23]

在黄的回忆录中，他想到自己在提振士气上遭遇的一些困难，因为当地居民相信他们正身陷于一连串夺去生命所有意义的危机之中。他写道："鸿待罪郯东，轻生者甚多，而郯为最益。地方凋瘠，百姓贫苦，原不知有生之乐。"黄注意到普遍的不幸和无价值感，再加上郯城居民的顽悍、好斗，导致家庭暴力的场景和自杀案例随处可见："家人父子，顷刻变乎寇雠。邻里亲朋，樽俎可兴干橹。悬梁自缢，无日不闻。刎颈投河，间时而有。"对此，黄的对策是羞辱那些自杀的郯城居民。[24] 他写了一篇严厉的布告，下令贴在乡村和市井中：

> 夫男子自尽，悬梁赴水，永作负榱逐浪之魂。报官不收，蝇嘬蛆咂，谁为悲哀。妇人自尽，吊索垂巾，长为闾巷阴房之鬼。呈尸待验，露体赤身，罔知羞耻。是以父母所生之遗体，竟自毁伤，以万劫难遇之人身，视同猪狗。此本县所深恶而痛恨者也。尔既以遗体不惜，本县又何惜尔之遗体。尔既以猪狗自视，

本县又何不以猪狗视尔。[25]

尽管黄说了这些话，鬼魂和梦魇的世界依然是郯城的一部分。《县志》提到居民是如何超乎寻常的迷信：半数以上相信鬼魂和法术；他们尊敬女性巫者，这些巫者像神一样能召唤出幽灵的世界；生病时，他们从不吃药，而去咨询地方的术士；邻居常常聚集成群，彻夜祈祷，浪费在迎神赛会上的钱动辄达数千文铜钱，而这些钱又往往不是他们所能负担的。[26]当地最有法力的术士之一，据说是住在城东马陵山的"由余"。冯对这位术士极感兴趣，进而调查他的先世。他发现由余应该是一位几乎有同样名字的秦代战士的后裔，这位战士曾跟几个道家异人学习自然和长生的秘术。当由余学得上天和自然之秘的精髓后，就退隐到马陵山的一处洞穴中，从此不食人间烟火，仅以松木维生，并因此得致高寿。孔子的爱徒曾子，据信也住在郯城西北的磨山。此处曾建有石碑和一所书院，以表尊崇。虽然现在碑文已不可读，书院也已毁弃，但当地的年轻人仍然聚集在此弹奏音乐。有时在傍晚会听到飘渺的琴声，但却看不到演奏者。[27]

的确，虽然有黄的劝告，但对郯城大多数居民而言，整个官方的儒学崇祀，必定是遥不可及。克尽其责地参加 1669 年举人考试的县学生员，沉思着那年由山东主考官选出的三段话，他们必须写出这三段话确切的出典并详加解说。选自《论语》的是"知之者"，典出卷六《雍也篇》，第十七、十八章："子曰：'人之生也直，罔之生也幸而免。'子曰：'知之者不如好之者，好之者不如乐之者。'"选自《中庸》的是"浩浩其天"，语出三十二章末，描述至诚之人："夫焉有所倚？肫肫其仁，渊渊其渊，浩浩其天。”选自《孟子》的则是“见其礼”，语出《公孙丑下》，此处孟子引用孔子门人子贡对他老师的（和史家力量的）绝对赞美：“子贡曰：‘见其礼而知其政，闻其乐而知其德；由百世之后，等百世之王，莫之能违也。自生民以来，未有夫子也。’”[28] 从这样的段落里，人们可以想象有朝一日郯城会被如何治理，或曾被如何治理。但结果是，没有一个郯城的学生通过1669年的举考（从1646年起就没人通过，到1708年为止也不会有人通过）。[29]

1670年，年轻的康熙皇帝也发表了著名的圣谕十六条，讲述如何在家庭和社会中维持得体的关系，并避免冲突。[30] 郯城的居民想必听到了这些箴言，因为皇帝下令将这些箴言读给每一个城镇和村庄的居民听，但其功用显然让人置疑，居民因此常常转而乞灵于地方版的孔子崇祀。由于地方变奏版的前提是，当地人相信孔子本人曾游历到郯城寻求启示，所以至少给了当地人一种安慰，让他们以自己的家乡为傲。这种信念的证据见于《左传》——原始儒家的经典之一——的一段话中。这段记载说：现在的郯城一度是小小的郯国所在地。鲁昭公十七年（前524年），郯子曾拜访过鲁昭公，而孔子当时正任职其下。昭公问道：为什么郯国所有的高宫都一度以鸟名命名，郯子回答道：

“高祖少皞挚之立也，凤鸟适至，故纪于鸟，为鸟师而鸟名。凤鸟氏，历正也，玄鸟氏，司分者也，伯赵氏，司至者也，青鸟氏，司启者也，丹鸟氏，司闭者也，祝鸠氏，司徒也，鴡鸠

> 氏，司马也，鸤鸠氏，司空也，爽鸠氏，司寇也，鹘鸠氏，司事也……自颛顼以来，不能纪远，乃纪于近，为民师而命以民事，则不能故也。”仲尼闻之，见于郯子而学之，既而告人曰：“吾闻之，天子失官，学在四夷。”犹信。[31]

郯城的居民认为他们知道二千二百年前，孔子向郯子求教的正确地点——就位在当时知县衙门的北门内——此处并建了一座庙宇，以示尊崇。衙门前则有一块更有名的牌坊，宣示大致的方位。同样的，人们相信孔子在和郯子谈过话后，曾攀上城东的马陵山，并从高处眺望大海。这座高丘以孔子之名命名（孔望山），同时兴建了一座“问官祠”对他表示敬意。官员也许会用“据说”或“居民相信”来修饰他们对这些故事的陈述，但他们却在圣迹上题满了自己的诗作。1668 年的地震后，这些圣迹是第一批被修复的建筑物。[32]山上的祠堂紧邻由余的灵穴，或许彼此都从对方的存在独得名气。

黄六鸿接纳了它们，并让两者并存，因为它们是现存的圣迹。但对许多散布郯城各地，威胁到他的秩序观的废弃庙宇，[33]则加以谴责。他觉得这些地方是放荡的情侣、流浪汉和谋反者的集会温床，应该派人定期巡查，必要的话，也可以用门板封起来。因为对黄来说，每一件脱轨的行为都会增加郯城的不幸，欲望的流布则是道德低落的确证。他指控已婚的妇人和未婚的少女不待在她们应该待的屋里，反而浓妆艳抹打扮得花枝招展。她们在河边闲逛或乘着新奇的车马上山，说是去拜神或礼佛；但到了山上，男女成群，杂沓一处，嬉戏于僧道之室。他们是“花迷蝶恋”。黄六鸿让更多堕落的例子现形：

在路边闲逛的年轻男子用黄色笑话嘲弄女性；女性被自己的热情左右，拿出珐琅头簪作为定情之物，举止跟一般妓女无异；丈夫出租妻子，仆人怂恿主人，三姑六婆充做淫媒，尼姑玷污庵院，接生婆除了接生新生儿外，还提供其他服务。人变得像狗一样，在后门“纵其往来”。[34]

1668 年，蒲松龄正和表兄在油灯旁饮酒时，听到地震的轰隆声，从郯城的方向朝西北窜来：

> 桌子开始摇动，酒杯翻倒，我们可以听到屋梁和柱子断裂的声音。我们面面相觑，吓得脸色发白。过了几秒钟，我们才知道是地震，急忙冲到屋外，看到楼阁房舍倒了又起来，听到墙壁房屋崩塌的声音，男人、女人的尖叫声，喧闹如鼎沸一般。居民头昏眼花站不住脚，坐在地上，和大地一起摇动。河水涨了一丈多。城里充满了鸡叫狗吠的声音。大约一个小时后，开始恢复平静。在街上，可以看到赤身裸体的男女群聚在一起，激动地诉说自己的经历，完全忘了自己没有穿衣服。（附录 1.1）[35]

蒲松龄生于 1640 年，大半生在淄川县城度过。淄川位于山东中部山区的北麓，南与郯城接壤。他的家乡幸免于 1643 年清军掠夺的恐怖——虽然他们还是经历了预期事件发生的惊恐——他自己对 1640 年代初期的痛苦，也少有个人的回忆。[36] 但是出现在他故事中的记述，如：那些年的饥荒；难民家族南行时鱼贯地行经沂州，死于路旁；男子被土匪掳获，卖给满洲人，并在他们的土地上工作；寡妇在丈夫死后，艰苦地固守耕地等，都给人一种翔实的感觉，像是他的同乡、朋友或族人等劫后余生者诉说的故事：

> 1640年（崇祯十三年）有一次大饥荒，发生了人吃人的情况。有一天，在淄川当捕隶的刘某，碰到一对哭得很悲哀的男女，就问他们有什么困难。他们回答说："我们结婚已经一年多了，但是现在遭逢荒年，我们没有两全之计，只好恸哭。"
>
> 不久，他在一间卖油铺前又看到这对夫妻，似乎有所争执。刘趋前询问。姓马的店铺老板向他解释："这个男的和他太太快饿死了，每天都来求我给他们一点麻酱维生。现在男的又想把他太太卖给我。不过我家里已经买了十来个女人，根本不差她一个。如果她便宜，我就买；如果不便宜，就算了！他却一直这样缠着我，真是莫名其妙。"
>
> 对于这番话，男子回答道："谷子现在贵得跟珍珠一样，除非我最少能弄到三百文钱，否则根本付不起逃到别处的盘缠。我们两个都想要活下去——如果我卖掉她，却仍然筹不到足够的钱逃掉一死，那又何必如此？我不敢冒犯，只求你发一点慈悲心，九泉之下会有好报的。"
>
> 刘听了之后觉得他们很可怜，便问马愿意出多少钱。马说："在这个时候，一个女人大概只值一百文。"
>
> 刘请他不要压低价钱，同时也表示自己愿意出一半的钱，但马不同意。年少气盛的刘对男的说："他是一个卑鄙不足道

> 的人，我愿意如数相赠。如果你能逃过这场灾荒，并和妻子厮守在一起，那不是最好的事吗？”于是从行囊中拿出那笔钱给他们，夫妇哭谢着离开。(附录 1.2)[37]

蒲松龄七岁那年，家乡发生了严重的灾害。那年夏天，谢迁率领的土寇谋取淄川，并在当地固守了两个多月，而一支满洲军队则慢慢集结，准备回这个城市。《淄川县志》在 1647 年项下，尽都是死亡和男女自杀的记载，正像郯城在 1643 年一样。[38] 如果我们可以根据蒲松龄后来的一篇故事的序文作判断的话，官军可能比他们要驱逐的叛军好不到哪里去。他说："凡大兵所至，其害甚于盗贼。盖盗贼人犹得而仇之，兵则人所不敢仇也。其少异于盗者，特不敢轻于杀人耳。"[39]

蒲松龄也被大规模的于七之乱深深打动，这场叛乱在 1661 年 11、12 月间在山东东部结束。他描写大规模的处决和万人冢——埋葬那些无法辨认安葬的死者遗体——济南木匠因为制造木棺而发了一笔小财，直到较好的木材缺货；一支叛军出其不意地折回，逃亡者只好躲在一堆尸体中。他也描写逃到山区洞穴避难的家族，最后却被诱陷杀害，财物也被焚毁。在这场叛乱（以及其他的叛乱）中，他看见在难民之间逐渐模糊的阶级和地域界线所带来的社会变动：士绅阶级如何在自卫行动中转而领导盗匪，或短暂地沉醉于个人的胜利；一位士大夫如何被迫娶了匪徒之女，最后却像爱太太一样爱上她。他描写那些只称杀“不义之人”的强盗；一对贫困的夫妻慎重其事地讨论，是要男的去做盗匪，还是女的去做娼妓；一支山东帮灼烧殷实大户成员的双脚，强迫他们说出财富的藏匿处，然后打开这家人的谷仓，让村里贫困的饥民好整以暇地掠夺。[40]

这整个时期，横亘在淄川和郯城间的山区是土匪的根据地，他们会探查山谷中的城镇哪些较无防御，然后向北或向南袭击。郯城西边的滕县和峄县都以棘手的盗匪而恶名昭彰，并成为其他县志嘲弄的对象。[41] 蒲氏在一篇极短的故事中，语带讥讽地描述了这个情形：

> 顺治年间，滕县和峄县一带，每十人有七人是盗匪，官员却不敢全部逮捕。后来，盗匪接受招抚，知县们把他们归为“盗户”。每当这些盗户和当地善良百姓有冲突时，知县总是曲意偏袒盗户，惟恐不如此，他们会再起来叛变。因此，有些诉讼当事人常假称为“盗户”，对手则竭力揭露他不是盗户：往往双方各执一词，在判别案情的是非之前，必须先决定盗户之说的真伪，大部分的时间就花在检查户籍资料上。
>
> 碰巧在知县衙门中有许多狐仙，因为知县的女儿被狐仙迷住，他就请了一位术士。这位术士用咒语把狐仙捉到瓶子里，然后把瓶子丢到火里。瓶中一只狐仙大叫：“但我是盗户啊。”听到的人无不暗中窃笑。（附录 1.3）[42]

当蒲松龄努力去定义他在其中成长却无法表达的那个世界时，他就会在许多故事中，将幻想和现实用上述的方式融合。因为他对诸如此类的地方信仰深感兴趣，所以有时会嘲笑某些信仰为迷信，有时却对某些信仰深信不疑。他对一种可以算做山东特产的口技特别感兴趣，并描述一位精于此术的山东神姑如何辛苦地做起生意：

> 有一天，一位二十四五岁的女子来到村中。她带了一袋草药，并推销她的医术。有人前来问病求教时，她就说自己不能提供药方，必须等到天黑请教诸神。当晚，她清出一间小房间，把自己关在里面。一群人挤在门窗外，竖耳倾听、等待着。有人窃窃私语，但没人敢咳一声，屋里屋外一片死寂。夜幕降临，突然间他们听到帘子拨动的声音，里面的女子问道："九姑，是你吗？"
>
> 一个女人的声音回答道："我来了。"
>
> 女子又问："腊梅和你一起来了吗？"听起来像女仆的女孩回答道："对，我来了。"……
>
> 过了一会儿，他们听到九姑要文房四宝，然后是折纸的声音、拔毛笔套的清脆声音、在砚台上磨墨的声音。再过了一会，是毛笔丢在桌子上的刺耳声，接着是把药包成一小包一小包的沙沙声。又过了一会儿，年轻女子掀起帘子，招呼病人进来拿药和药方。（附录 1.4）[43]

蒲氏补充说，围观的群众真正相信精灵曾经现身，虽然药方对病人并不是十分有效。

另一次，蒲松龄跟朋友住在山东的一处村庄。这位朋友生病了，有人建议蒲去梁氏家——她是一位灵姑，能召唤精于医术的狐仙：

> 梁是一个四十岁左右的妇人，看起来格外机灵，好像自己就是一只狐狸似的。我们进入她屋内，套间中挂着红布的帘幕。我从帘幕后偷看，看到墙上挂了一幅观音像，还有两三幅卷轴，上面是一个骑马的人，手里拿着矛，后面跟着许多随从。在北面墙角有一张桌子，上面有个不到一尺高的小座位，座位上有一块刺绣的垫子。她说每次狐仙来时，就坐在那里，我们都点香礼拜。妇人在磬石上敲了三下，并喃喃自语地说了些听不清楚的句子。祝祷结束后，她客气地请我们坐在屋外一张长椅上，自己则站在帘幕边梳理头发。然后，她两手托腮，向我们一一诉说狐仙的灵迹……她刚说完，我们就听到房间里一阵细碎繁密的声音，像蝙蝠飞行时发出的叫声一样。我们正凝神细听的时候，桌子突然传出一声巨响，仿佛有人砸下一块大石头。"你真的吓死人了！"妇人转过身道。然后我们听到有人在桌子上叹息和喃喃低语——听起来像依然健朗的老头的声音。妇人用一把芭蕉扇把小座位掩盖起来，椅子上传来很大的声音"有缘啊！有缘啊"！（附录 1.5）[44]

在傲人的起步后，蒲氏这时的生活是悲哀的：他很早——十八岁时——就通过秀才考试，赢得当地士大夫和官员的一致赞赏，但他却永远无法将这些赞美转换为举人考试上的成功，而后者正是仕宦和财富之阶上不可或缺的第二阶段。终其一生，随着学识的增进，他一心一意追求较高的学位，但始终与中举擦肩而过。一直到七十一岁，才经由特别的恩赐，在带有敬意的反讽中，获颁举人头衔。[45]

他温和地告诉我们，他在子女和妻子的个性和无怨的忠诚中找到一些慰藉：

> 时仅生大男箬，（妻）携子伏鼪鼯之径，闻跫音者而喜焉。一庭中触雨潇潇，遇风喁喁，遭雷霆震震谡谡。狼夜入则埘鸡惊鸣，圈豕骇窜。儿不知愁，眠早熟，绩火荧荧，待曙而已。
>
> （妻刘氏）少时纺绩劳勚，垂老苦臂痛，犹绩不辍。衣屡浣,或小有补缀。非燕宾则庖无肉。松龄远出,得甘旨不以自尝,缄藏待之，每至腐败。[46]

最后一句话的反讽相当真实，因为他在自己家里的一些快乐时光，不断受到干扰——这些干扰包括母亲和妯娌之间的争吵，以及父亲在仕途和商场的征逐中两皆失利后，一家人陷入徒有排场的贫穷之中。

就在1670年代这十年间，当蒲氏待业在家，或孜孜矻矻地为当地土绅家族做书记、教师时，他将惊人的故事和札记写成《聊斋志异》一书。我们从蒲氏自己的叙述中，知道这些故事的来源相当广泛，包括他自己的想象、早先的收集、朋友、旅途中结识的旅人，以及越来越广的通信圈。从他自己在故事中所作的评论，我们也知道许多故事带有其儿时山东经验的色彩，而亲戚的回忆在此也颇有帮助。根据他三十九岁时为本书附加的序言，这项工作对他而言变得益发艰难，他在孤寂中写道：

独是子夜荧荧，灯昏欲蕊；萧斋瑟瑟，案冷疑冰。集腋为裘，妄绪幽冥之录；浮白载笔，仅成孤愤之书。寄托如此，亦足悲矣！嗟乎！惊霜寒雀，抱树无温。吊月秋虫，偎阑自热。知我者，其在青林黑塞间乎！[47]

然而蒲松龄不单单只是沉思冥想。他能精确地回想自己的过去，并捕捉童年和戏法合而为一的时刻：

小时候，有一次我到府城去，正好碰到春节。依照当地的习俗，在除夕夜时，各行各业的商人都要用彩带装饰店面，并在丝弦鼓乐声中游行到藩司衙门。人们称此为“演春”，我也跟着几个朋友一起去看热闹。那天在街上闲逛的人挤成一道道的人墙，衙门前面的椅子上坐着四位面对面、穿着红袍的官员。因为那时我只是个小孩子，不知道这些官员的官阶为何；满耳尽是群众讲话的嘈杂声和鼓乐声。

突然间一名男子领着一个披头散发的男孩，挑着一根扁担登上阶梯，走近官员坐的地方。他看起来好像正在解释什么，但是在无数的声音浪潮中，我无法拼凑出他实际说了什么话。我可以看见阶梯上面的官员哈哈大笑，一位衙役则对着男子大叫，要他变戏法。

“要变什么戏法？”男子听到命令后站起来问道。

官员们商量了一会儿，然后要侍从去问他有些什么拿手戏。

“颠倒大自然的次序。”男子回答。在侍从回报后，官员们商量了一阵，然后侍从回到男子身边，吩咐他去弄颗桃子来。

变戏法的大声回答，说会照吩咐去做。他把外套脱掉，放在一堆带来的竹箱上面，然后假装向儿子抱怨："官爷们可真给我出了一道难题，地上的冰还没融化，我要怎样才能弄到一颗桃子呢？我害怕大人们会对我动怒。"

儿子回答道："爹，您已经答应了，现在看您要如何料理这件事？"

变戏法的沉思了好一阵子，忽然高声道："我想到一个好办法了。现在是早春，我们在地上永远找不到桃子。只有在天上王母娘娘的花园里——那里的东西四季都不凋零——我们可以找到一些桃子。我们必须上天去偷一些来。"

"怎么可能！"男孩叫着，"您认为有楼梯可以让人爬上天吗？"

"我自有办法。"父亲回答。然后从他的竹箱里取出一卷看起来有四五十英尺长的绳子，整出其中一端丢向空中。绳子停在天空笔直地垂下来，好像被人固定在某样东西上。然后他慢慢放出绳子，绳子缓缓升高，探入云霄，直到他手中的绳子都放完为止。"来吧，儿子！"男子说道，"我又老又弱，身体沉重、关节僵硬，永远没办法爬到上面，必须得你去才行。"接着他把绳子的一端递给了男孩，说："如果你抓住这绳子，就可以爬上去。"

男孩一面拿起绳子，一面生气地抱怨："爹，您真老糊涂了！您怎么能指望我用这样一根细绳子爬到九重天上去。如果上到一半绳子断了，我岂不是粉身碎骨？”

但是父亲强硬地催促儿子前行：“我话已经说出去了，现在没法反悔了。我劝你还是走一趟。这对你不是件难事，而且当你带着战利品回来，我们一定可以得到一百两赏金。我们可以用这笔钱给你讨个漂亮的媳妇。”于是男孩抓住绳子，一扭一扭地顺着绳子往上攀爬。只要他的手抓住一点，脚就像蜘蛛网上的蜘蛛一样，立刻跟进。最后耸入云霄，不见人影。

过了一段时间，一颗像碗一样大的桃子掉到地上。变戏法的很高兴，把它呈献给官员。官员们传来传去，细加检查，许久都无法确定真伪。突然间绳子砰的一声掉落在地上，变戏法的惊慌地说道：“啊，糟了！上面有人割断了我们的绳子。我儿子会不会怎么样？”过了几秒钟，一个东西掉到地上。男子紧盯着它看，发现是儿子的头。他双手捧着头哭诉着：“天上守桃的人发现有人偷桃子，他们杀了我的儿子！”

然后一段一段，先是一只脚，接着是剩下的肢体，掉落地面。陷入悲痛之情的父亲把肢体一一收拾起来，放进竹箱里。“我是一个老人，”他说，“这是我唯一的儿子，每天跟着我南北奔波。现在，因为服从严父之命，突然遭到这种横祸。我必须带走他的尸体埋葬起来。”说完，登上官员们的坐席前跪了下来：“为了这颗桃子，各位害死了我儿子。可怜可怜我，帮我付他的丧葬费，我一定会报答你们的。”

在座的官员——他们既害怕又吃惊地目睹了刚才发生的一切——都给了他一大笔银两。变戏法的拿了这些钱，塞到腰间的袋子里，然后在竹箱上轻轻敲了一下，叫道："嘿，小家伙！出来谢谢大家的慷慨。你还在等什么？"说完，一个满头乱发的男孩用头撞开了箱子，转向官员鞠了个躬。他正是变戏法人的儿子！

从很久以前的那一天到现在，我一直记得那个神奇的戏法。后来有人告诉我，说白莲教的信徒也会这种法术。说不定这对父子是他们的传人呢？（附录 1.6）[48]

最后几句话也许已改变了儿时对魔术的神秘感，但成年后，蒲松龄依然会做一些自己的梦，并重新捕捉那些梦境：

有一次，我在毕刺史的客房里做客。他的花园里花繁木盛，闲暇时，我们会一起在里面散步，所以我可以完全享受那里的美景。有一天欣赏园景回来后，觉得异常疲倦，就脱掉鞋子上床，梦到两位衣着亮丽的女孩来到面前，提出下列的要求："我们想请您帮个忙，因此斗胆如此打扰您。"

我站起来，吃了一惊。"是谁想见我？"

她们回答道："是花神绛妃。"

在困惑中，我不能确切了解她们在说些什么。但我还是离开房间，随她们而去。不久我们前面出现了高耸入云的厅堂和庭院，建筑物的底部是石制的阶梯，攀援而上。在到达顶部前，我们一定登了一百多层的阶梯。我看见一扇大开的红门和两三位女孩，她们前行通报有客人来访。不久，我们来到一座厅堂外，门栓是金的，屏风是绿的，闪烁着刺眼的光芒。一名女子从屋内阶梯走下，腰间的饰物丁当作响，看起来像位王妃。

我还来不及向她致敬，她先开了口："先生，冒昧地麻烦您来这儿，我应该先谢谢您。"说完，她叫侍从们在地上铺了张毯子，好像要向我行大礼。

我觉得自己被搞迷糊了，不确定该如何反应，所以我对她说了这些话："我只是草莽微贱之人，你召唤我来这里，已使我受宠若惊。我哪还能接受你的行礼，那会折损我的福寿。"

于是她命令侍者收起毯子，摆了一桌宴席；我们坐下，面对面吃起来。喝了几杯酒后，我对她说："我喝了一点酒就会醉，恐怕会有举止不礼貌的地方。如果你愿意告诉我召唤来此的目的，可以大大消释我的疑虑。"

她没有回答，反而要我喝下另外一大杯酒。我一再问她召唤我来的原因，直到最后她回答说："我是花神。我的家人都很娇弱，且都以此地为家。但是风常派他的爪牙至此，给我们带来很大的伤害。现在我决定直接向风提出挑战，因而召唤你来为我起草挑战书。"

我惶恐地回答道："敝人学识疏陋，恐怕会让妃子不悦，但是你的命令让我感到恩宠，愿意效微薄之力。"她听了这番话很高兴，带我上殿，给了纸笔。所有的女子都忙起来，擦桌子、抹椅子、磨墨润笔。一位头发垂下的年轻女孩为我折纸，并帮我把纸固定在手腕下。我才写完一两句，这些女子就迫不及待地挤向前，从我肩后窥读。我一向写得很慢，这次却觉得文思

> 泉涌。
>
> 稿子很快就拟好，这些女子连忙拿给绛妃看。绛妃看了说稿子完美无缺。听了这句话，女子们护送我回到家。醒来后，我清楚地记得那个情景的每个细节。但是我写的那些话，却多半流逝。（附录 1.7）[49]

因为怕忘掉发生在他周围的故事，蒲松龄会试着立刻把它们写下来，通常他也会描述正确的出处，似乎是要让后世感受到他的诚实。因此在唯一一件可确定发生在郯城的故事中，他告诉我们 1670 年秋的一个雨天，他在南行途中，躲在沂州一间小旅馆里避雨时，一名书生向他出示了这篇故事的全部手抄本。故事是关于一个住在郯城县南，红花埠驿站的读书人，同时和两名女子发生了一段风流韵事。就像蒲氏许多故事中的女子一样，这两名女子迫不及待地把自己奉献给这个读书人。后来他才知道，她们两个人都是妖精，一个坏的，一个好的，她们命定要过着流浪鬼魂的阴暗生活。经过一段复杂的情节，其中牵涉许多魔法、死亡和重生，两个鬼魂似的幽灵被驱除，原牺牲者的尸骨得到安置。书生和两名被赋予人形、获得新生的女子一起过着平静的生活。这是一个关于想象、肉欲和反映人无安全感的故事，并且也是对当时时空的适当评注。[50]

注释

1　地震：冯，卷 9 页 12—13。

2　落井下石：冯，卷 3 页 7。

3　自然的循环：冯的序文，以及 1585 年版的《论》，引见卷 5 页 12b—13，卷 9 页 15。

4　冯的传纪：《邵武府志》，卷 20 页 22。他的科名列在同书，卷 7 页 2—3，而由序文得知，他在郯城县知县任内，同时也担任邵武方志的编修。对他受邀编辑《郯城县志》一事，参见他自己的序文。下文中会提到的通过举人考试的杜和徐，在冯就任郯城县知县时，已相继过世。

5　郯城的统计：细节见冯，卷 3 页 6b；关于人口，见卷 3 页 34，用的比例为一比六，见卷 9 页 12b；关于土地，见卷 3 页 7b—8b；关于社（也就是三十二加十三里，共四十五里），见卷 9 页 17。山东省其他一些区域的比较数目，参见藤田敬一，《清初山东》，页 128—131。

6　白莲教：冯，卷 9 页 8，关于该乱事对地方的即时性影响。领导者及其许诺的细节，见《邹县志》，卷 3 页 81—83，这段资料也指出地方领袖的发祥地。蒲，页 34，也有广泛的评论。陈，《白莲教》，页 226，注 1，对白莲教的资料，有很完善的整理。朱永德在《白莲教》，页 115—123，对山东的动乱有更详细的描述。

7　蝗虫：冯，卷 9 页 9。

8　1641 年的袭击：由来自山东西北部的史二和姚三所领导，冯，卷 9 页 9b—10。《费县志》卷 5 页 7b，《邹县志》卷 3 页 84b，对这两名领导人都有更进一步的描述。

9　王英：《重修郯城县志》（1763），卷 8 页 18b，卷 9 页 9b。

10　郯城的防御：二百九十二位男性名录，《续修郯城县志》（1810），页 127—129；和买得头衔者的对照，冯，卷 8 页 10—11；全部名录，《续修郯城县志》（1810），页 127—156，有十九个名字无法辨识；关于这项碑文的发现，同前，页 369—370。

11　4 月的攻击：《续修郯城县志》（1810），页 349；冯，卷 9 页 9b—10。蒲，页 220，提到红花埠的妓院。

12　1643 年的攻击：冯，卷 9 页 10——壬午年主要是在 1642 年，但是该年 12 月，相当于公元 1643 年 1 月。我们可以将《续修郯城县志》中的防卫者名录，和冯《列女传》（卷七）中死亡的男性互相对照，来评估有哪些人在 1641 年逃过一死，却在 1643 年遇害。

13　阿巴泰的入侵：《实录》（太宗），页 1046—1047、1072、1075—1076（官员中有一位是鳌拜，后来中国的摄政王）。阿巴泰在山东的行进路线可以从谈迁的《国榷》，页 5948、5954—5956（他在此处指出，1643 年 2 月 18 日是郯城遭掠夺的日子），以及页 5971 追溯出。这次入侵的影响，连远在东边的海州都可以感受到，这点可以从《海州直隶州志》，页 68—69、428—429 中的年表及传记中得到证实。我们可以从恒慕义编辑的《清代名人传略》页 3、4 中，找到阿巴泰的小传。他是努尔哈赤的第七子。描写这场掠夺和其他由阿巴泰率领的大规模攻击行动的详细传记，见《八旗通志》，卷 132 页 1—16。就在满洲大举入侵一年后，李自成的先头部队，轻轻松松地从山东老百姓身上汲取了五十万两银子。而在他们被满洲主力部队打败前，正朝分极的方向征税（从六部尚书的十万两，下级官员的一万两，到拥有下级科名的一百两）；显而易见的，满洲人只汲取了私人财富的庞大资源，而这些资源通常是隐而不见的。参见李文治，《晚明民变》，页 143。

14 1644 年：《续修郯城县志》(1810)，页 156；冯，卷 9 页 10b。

15 洪水泛滥：冯，卷 9 页 11。

16 盗匪手下的遇难者：姚氏，冯，卷 7 页 27b；孙氏，卷 7 页 25b—26；杜之栋，卷 9 页 11，卷 7 页 6b（举人名录，卷 8 页 4b—5）。关于辨认死者的问题，参见《续修郯城县志》(1810)，页 157—158。土匪群可从《菏泽县乡土志》页 28—29、《峄县志》卷 1 页 27、《邹县志》卷 3 页 86 查出。

17 地方人士对黄的回答：黄，页 63c。

18 更糟的郯城：黄，页 74c。

19 谷仓："义仓"，冯，卷 5 页 12；拒绝借贷谷物，同前，卷 5 页 15。

20 学校："社学"与"义学"，冯，卷 5 页 7。拒绝重建学校，黄，页 295b。对理想的学校制度、上课程序和支持系统的描述，见同书，页 296a、b。中村治兵卫收录在《史渊》的两篇文章（1955 年 2 月及 1956 年 12 月），对清代山东的学田制度有详细的研究。

21 废墟：城墙，冯，卷 2 页 1b—2；医学，卷 2 页 3；桥梁，卷 2 页 8；庙宇，卷 4 页 6b。

22 黄六鸿传：《重修郯城县志》(1763)，卷 7 页 26—27；王植，《郯城尹黄思湖传》（王植从 1747 年到 1749 年出任郯城的知县）；陈万鼐，《洪昇研究》，页 125—127（陈在此辩称，黄身为工科给事中，在 1689 年有责任向当局揭发洪昇）；《东光县志》，卷 5 页 9。黄最后的官位是给事中，见布鲁纳特（Brunnert）、哈盖尔斯特洛姆（Hagelstrom），编号 210B。

23 政府的回应：《实录》（康熙），页 385，下令提出地震报告；页 401，批准第一次地震减免；页 459，最后对沂州震区施以二十二万七千两的减免。降低徭役员额：冯，卷 3 页 1b，卷 3 页 7b—8；《重修郯城县志》(1763)，卷 5 页 18b。

24 论郯城：黄，页 172c。

25 布告：黄，页 172d。

26 迷信：冯，卷 3 页 36b，以及他的传记，见《邵武府志》，卷 20 页 22。

27 由余：冯，卷 1 页 12，卷 4 页 8。曾子：同前，卷 1 页 8，卷 1 页 12b—13。

28　考试题目：关于 1669 年山东的考试问题，见法式善，《清秘述闻》，页 61。每一个试题句子的完整上下文可以在理雅各《中国经典》中找到：第一题，页 190—191；第二题，页 430；第三题，页 195。

29　举人落榜：《重修郯城县志》（1763），卷 8 页 5。

30　圣谕：《实录》（康熙），原文见页 485—486；关于该圣谕的传布，见页 491。

31　郯子：理雅各，《中国经典》，页 665—668。讨论这次事件的文章，见冯，卷 10 页 15，卷 10 页 16，以及《重修郯城县志》（1763），卷 11 页 1。《续修郯城县志》（1810），页 358—359，记载了一位对话者发出的怀疑，他相当合乎逻辑地指出，孔子可能和郯子在鲁国交谈过，虽然这篇文章的作者收集了一些反面论证。关于这些场景的通俗说明，见杜黑，《探索》，XIII，页 18—19。

32　孔子庙和圣迹：冯，卷 1 页 7，卷 2 页 7，卷 4 页 6。

33　废弃的庙宇：黄，页 247d。

34　道德的瓦解：黄，页 360c、d。

35　地震：蒲，页 170—171，以及翟理斯，《聊斋志异》英译本，页 416。淄川的地震轻得多，有五百五十七座建筑物毁坏，四人遇难，见《淄川县志》，卷 3 页 56。

36　蒲的故事：关于沂州，见蒲，页 1622；《仇大娘》，蒲，页 1391—1397，相当详细地描述了被满人掳获的男性，和试图固守土地的女性。其他一些寡妇的辛劳，在蒲书，页 191、324、661、699、927、1019、1210、1284 有所描述。这些可以和《淄川县志》，卷 3 页 55 记载的饥荒，及同书，卷 3 页 60 的满洲人作比较。

37　刘的故事：蒲，页 881，《刘姓》；狄瓜拉（di Giura），页 1601—1602。

38　淄川被围困：《淄川县志》，卷 3 页 60b—61，及同书，卷 6 下页 22b—31，“丁亥”年下的许多传记。也可以参考《博山县志》，页 125；张春树、张骆雪伦的《蒲松龄聊斋志异的世界》，页 416，注 66。

39　官军与叛军：蒲，页 1527，《张氏妇》故事的开头。

40　蒲与叛乱：于七之乱的细节，分别参见《莱阳县志》，卷 34 页 5b—6 及谢国桢的《清初农民》一书，页 113—116。关于处决及济南的棺材，见蒲，页 477、482；成堆的尸体，页 70；逃向洞穴，页 921；阶级的混杂，页 920、991；士绅匪徒，页 240；士大夫与匪徒之女，页 971；“不义之人”，页 1267；盗匪或娼妓，页 1426；山东帮，页 902—904。

41　滕县与峄县的大本营：《费县志》，卷 5 页 7b；《邹县志》，卷 3 页 86。山东这一地区的一般地势，及 19 世纪发生在山区的一些主要的叛乱，收集在张曜的《山东军兴纪略》，卷 19（针对邹县）及卷 20（针对淄川蒲的家乡一带）。这本书是横山英《咸丰期山东の抗粮风潮と民团》一文主要的资料来源。

42　狐仙盗户：蒲，页 1086，《盗户》；翟理斯，页 373；狄瓜拉，页 1386。

43　通医术的灵姑：蒲，页 267—268，《口技》；狄瓜拉，页 1391—1393。

44　狐仙梁氏：蒲，页 691—692，《上仙》；狄瓜拉，页 1681—1682。关于当前的萨满习俗，见杰克·波特的《广东的萨满信仰》(Jack M.Potter,“Cantonese Shamanism”),收于吴尔夫编的《宗教与仪式》,页 207—231,特别是页 215—217,关于“神灵居留的神龛”的讨论。

45 蒲的一生:基本资料见恒慕义编辑的《清代名人传略》,页 628—630,及普实克的《中国历史与文学》。最完整的年谱是路大荒的《蒲柳泉先生年谱》。刘阶平的《聊斋编年诗集选注》,是一本根据蒲的诗作重建的传记,有翔实的注解。蒲的老家、花园和坟墓的近照,印在《蒲松龄集》的开头部分。

有为数不少的中国文献,谈论蒲松龄的艺术和政治姿态,其中大部分由张春树和张骆雪伦摘录在《蒲松龄聊斋志异的世界》,相当有用。其他一些有价值的研究作品有:何满子,《蒲松龄与聊斋志异》,讨论蒲的阶级立场,并把这些故事和蒲后来的七折戏曲作品互相参照。其次是章沛的《聊斋志异个别作品中的民族思想》,讨论蒲氏作品中的反满成分(是对何满子的部分答辩)。再来是张友鹤在《三会本》,页 1727—1728 中,对原稿与乾隆刊本间差异的讨论。杨柳在《聊斋志异研究》一书中,对不同故事的来源作了研究。杨仁恺及张景樵对最近发现的《聊斋志异》原稿有一番分析。赖德史达特(Otto Ladstätter)的《蒲松龄》,对蒲的态度和语言也作了有用的讨论。十九篇新近探讨蒲松龄的文章,则收集在《蒲松龄研究资料》中。

46 蒲的妻子:《蒲松龄集》,页 252—253。普实克翻译的《两件跟蒲松龄一生有关的文件》,页 85—88,收在普实克,《中国历史与文学》,页 84—91。

47 蒲子夜独处:蒲,《聊斋自志》,页 3,这段晦涩、难懂的文章有广泛的评论。吴德明(Hervouet)在《故事集》,页 10—11,有部分翻译。翟理斯(Giles)的《聊斋志异》英译本,页 15,对这段文字有完整的注解。最近一篇完整的译文,见张春树、张骆雪伦的《蒲松龄聊斋志异的世界》,页 418。“幽冥之录”指的是刘宋时期刘义庆的作品《幽明录》。接下来的几年,蒲又加了几个故事,但基本上,这个集子在 1679 年已经完成。关于蒲氏这些年的困苦,参见普实克,《中国历史与文学》,页 92—108,《蒲松龄的聊斋志异》一文。

48 童年时期的戏法:蒲,页 32;狄瓜拉,页 1387。有些本子在故事开头插入“试”字,但是府试通常并不在春季举行,而且在这个故事中,蒲似乎比应试年龄来得小。

49 梦:蒲,页 739—740;狄瓜拉,页 1878。这篇故事定为 1683 年,是蒲稍后加到集子中的故事之一。蒲用极优雅而充满暗喻的语言,重建他为绛妃写的文稿。

50 一名书生和两名女子:蒲,页 220—231。地点在页 220;出示手稿的情形,见页 231。

第二章

土　地

The Land

1671 年 1 月，郯城下了一场不寻常的大雪。在山东大多数的年岁里，雪都是好兆头，因为它可以保护冬麦苗免受酷寒的侵袭，并确保来春融雪期的稳定生长。干燥或寒雨反倒是糟糕的威胁，如果是下雪，新年节庆的庆祝会特别喜悦。但今年雪下个不停。黄六鸿出骑检视郯城和沂州边境的一些耕地，发现河上的冰结得很厚，他的坐骑不时在深及马腹的雪中踉跄而行。《县志》上说："大雪平地皆深丈余"、"几庄村林木之处，雪之所聚，高皆与之齐等。室庐尽为埋没，百姓多自雪底透窟而出。村疃不能往来者数日。鸟雀、獐兔、花果之类，冻死绝种。人有不得已而出行者，冻死于途，不可胜数。真异灾也！"[1]

然而这只是一场地方性的灾害，没有扩及到整个区域。再加上中央政府没有大幅的蠲免，税吏必须开始补足 1671 年的配额。

这个时候的郯城，是一个穷困的小县。作为行政区域，它的地形十分奇特。主干是一块约十五平方英里的块状土地，两边则各有一块长二十五到三十英里的钳形土地朝北卷起。南部土地肥沃，是郯城县治郯城和主要贸易中心马头镇所在。这两个城镇毗邻而立，介于直接流经县境、最后注入黄河的沭河和沂河之间。两块钳形的土地地势崎岖，部分区域多山，中有小河交叉流过，从县城竟然无法到达。介于两个钳形物之间的肥沃谷地，应该可以让郯城富裕些，但该地却登记为比郯城稍大并略为繁华的北临沂州的一部分。[2]

郯城是个农业县，没有什么手工业。《县志》除了列举当地制造的三种棉丝混合布外，就没有别的了。也没有太多货物经过此县，只有马头镇的商业活动多一点，除了东边外——此处的交通被马陵山的绵长山脉所阻断——这类活动皆由陆路通向各方。而当有足够的夏雨维持水位时，沂河还可以作为南北向的商道。

这是中国的冬麦和高粱产区，少雨，夏热而冬寒。在郯城，和小麦、高粱两种主要作物一起生产的农作还有小米、大豆和芝麻、芜菁和其他根茎蔬菜、甜瓜和南瓜、一些可食的青菜以及葱和蒜、芹菜及茄子。出产的水果有桃子、杏、李子、梨及樱桃。此外还有胡桃和栗子，以及一些可以捕猎的野生动物和禽鸟——野兔、鹿、鸭子、鹌鹑、鸽子和雉。至少这是风调雨顺、谷物丰收时的情形。[3]

在这些冬季作物的区域，农家少有喘气的机会，收获完紧接着是播种而不是休息。一旦积雪融化，前一年 10 月种下的冬麦苗开始坚实地成长，农民就得在休耕地上进行第一次翻土，并把从家里和庭院中带来的天然人畜肥料施浇在耕地上。5 月初，他们将田地深耕，准备种高粱和小米（如果有驮兽就用驮兽，不然就由一组人来耕)。农民们将一把把由种子、肥料和压碎的大豆粉做成的混合物,以大约每把间隔一英尺的距离,仔细撒入田畦中。他们用沉重的木耙犁平田地,然后用石制滚筒把软土压实——那些没有滚筒的人,则用双脚将土壤踩实。如果天气良好,三四个星期后,幼苗会长到约三英寸高,这时必须用锄头仔细地除草。一星期后,必须将杂草一排排除去,并填实每棵幼苗根部的土壤,这样幼苗才会长得直挺。在幼苗成长期间,这类除草和培土的工作必须一再重复。

6月初,其他田里的冬麦已经成熟并准备收割。农夫用人力把麦茎拔出田地,捆成一小捆一小捆,然后以人力扛负或用手推车运至打谷场。小麦送到打麦场后,接着将收割过的田地稍事翻整,撒下一排排的大豆种子(小孩可以做的简单工作),然后耙土覆盖。除非碰巧有剩余的肥料,否则不用施肥。但这些大豆必须每隔几天除一次草,而农民们此时需要的是炎热的气候和夏雨。随着大豆的生长,高粱和小米也到了准备收割的时节。8月末,农民进行收割,并将收成运到打谷场。芜菁、包心菜和其他一些蔬菜则经过晒干或腌制等处理,然后储存起来。这里没有果园,水果是在成熟时从一棵棵个别栽种的果树上摘取下来。9月间田地休耕,10月初撒下冬麦的种子。如果10月底可以见到幼苗,来年丰收的机会就相当大。[4]

就像17世纪中国其他县分一样,郯城每年都必须将固定的岁入额度上缴北京。岁入的主体——用来支付各县的地方开销和缴纳中央政府规定的税额——由两种赋税方式提供:一是土地税,一是以成年男子为对象的丁口税(通常用现金支付,偶尔也用徭役)。因为农夫们几乎不可能一次付清全额,于是政府替他们设定付款分期的期限，然后按时间表支付：

农历二月	20%
三月	10%
四月	10%
五月	5%
六月	5%
七月	15%
八月	15%
九月	10%
十月	10%

冬季最冷的三个月份，不须缴付任何税款。[5]

就郯城而言，当农历二月来临（阳历3月中旬到4月中旬），也就是在县民们熬过寒冬，而纺织品和其他手工艺品也销售告罄时，缴税的时节也跟着到了。晚春的赋税在小麦和大麦收成后缴交；秋税在高粱、大豆和小米收成之后。而在两次收成间的酷热盛夏月份里，则以低税率来减轻负担。

九个付税的月份中，每个月又被分成两个十五天，所以农夫和税吏每年有十八个付税期。在每十五天的税期结束后，税吏接着用五天的时间来追查欠税者，下一个五天则用来课征罚款。

这样的制度只有在相互监督、逐层负责的完整架构下才能够运行。郯城县划分为四个乡，每一个乡又分成八个里或社。每个社各有一位社长，由知县指派，任期一年或者更长。社长的责任在确保辖区内更小的单位——细分为村、五户组成的甲以及单户——准时缴税。[6]

在14、15世纪明朝统治初期，这些地方税吏通常本身就来自有权势的地主家庭，可以料想他们会给欠税的家庭带来何等巨大的压力。这个职务被视为一种荣誉职，有时甚至还会蒙皇帝集体召见。但是到1660年代清朝开国期间，这个职位已不再那么令人垂涎，也不再有同样的荣誉意含——虽然在郯城县，还是有一些社长受到普遍的尊敬，并且关系良好。郁纯就是一个例子。他是秀才之子，在1641年的战役中，成功地守卫郯城。在1644年满人征服中国后那段惨淡的日子里，他持续在收取税收上有突出的表现，知县因此公开表扬他的热忱。（他有两个亲戚也是社长，或许郁家在该领域有特别的专业，或特别的关系。）1671年，郁纯依然健在，高龄九十，黄六鸿为了表示敬意，还特别为他举办了一场宴会。不过对许多人来说，收税的工作却是一件苦差事。通常每个社会指派两人分担此一职务，另外派一位衙役协助两人解送税款。[7]

郯城在1670年总人口约六万人，如果四个乡每一乡有一万五千人，那么每个社约有一千八百五十人，散布在十二个或更多的村落中。这些居民中，约每六人就有一个被登记为"丁"。他们介于十六岁到六十岁之间，因而必须服徭役，或者缴付一定的税额来取代徭役。[8]

由于清朝的统治者关心如何完全掌控其子民，所以在这套为征税而建立的登记制度之外，又（至少在理论上）建立了一套人们所熟知的登记系统，即保甲制度。[9]在很多方面，后者跟收税单位重叠，但是保甲制度具有更特别的警察和民防功能。[10]在这套制度下，郯城的居民被纳入一个层层相属的系统中——从单户，到十户一甲，十甲一保，然后到县里的每一个乡。同样的制度稍加修订后，用于郯城和马头镇两个主要的城镇中心，以及邻近人口更加稠密的郊区。至于人口少于一百户的小村庄，或偏远阻隔的聚落，别有另一套修正版可用。虽然有二十二个地区划归为“集”，但郯城和马头镇是当时县里仅有的两个大型赶集中心；这些集跟县内划分的三十二个社有所重叠。

政府也期望每一个平民家庭以性别、关系和年纪列出所有的成员，包括仆人和雇工——这是所谓的保甲户籍，在地方发生犯罪等紧急状况时，可用来互相保全、承担责任。虽然上层士绅、科生、和尚、尼姑以及男女道士没有包含在保甲名册中，但是他们的名字也必须列在个别的名单上。约有五分之二的家庭需要在紧急时期提供一员民兵，因为他们或是家中没有任何有科名的成员，或是没有人以任何方式服务于衙门或地方政府组织，或是不符合一家之主是寡妇或没有子嗣的规定，而未得豁免。

所有这些策略和规定据说都在郯城施行，但对税收却没有什么效果：到1670年，郯城县已连续十三年拖欠税款。[11]

至少在理论上，郯城的基本税率并不为过。登记有案的个别男丁税为每年一百二十个铜钱（官价等于一千个铜钱），以九千四百九十八人计算，一年税收一千一百四十两（二百四十二名士绅和有科名者不必付这项税款）。基本的耕地税率是每亩十五点七个铜钱，以八十二万八千二百二十三亩登记有案的耕地计算，一年带来的税收略超过一万三千两。基本的支出可轻易地从这些岁入抵销：七千三百多两必须送到北京的户部；一千一百二十五两用做知县本人及其信差、挑夫、门房、轿夫和民兵及巡捕的薪水。还有其他次要的花费，包括祭典供奉、考生的奖赏、县内驿站的巡逻人员和监狱维护的费用。乍看之下，这些费用似乎在既有税收上再加少量的附加税即可应付，特别是因为正规驻军的主要费用可由省来支付，而传统上郯城河工的徭役配额也不多。[12]

郯城持续的财政危机，最重要的原因是它在地理位置上，处于两条南向主要干道的东边那一条上。这条重要的战略道路通往浙江，再由浙江连接南藩耿精忠的基地。这条道路既是作为军用补给品的运输线，也是政府经由驿递系统传送讯息的主要管道——不管是紧急的还是例行的。[13]这意味着在任何时间，郯城的居民都可能为维护道路或运输服务的额外要求所苦，此外还要花不少经费照顾过境的官员及其随从。这种情形又因为这整个区域的相对贫穷和马匹、驿站的匮乏，而变得更加复杂。郯城驿站的服务范围涵盖北到沂州的四十英里路，南至峒峿的三十多英里，往西则不仅要包括到益兴的六十英里，还要加上越过益兴后的二十五英里路，因为益兴没有自己的马匹。[14]政府从郯城的税收中拨出三千三百六十两作为秣料、马夫和信差的薪水，以及装备和其他马房设备的花费，但这笔款项完全不够支付上述各项费用，更别提兽医费和添购额外马匹的花费。结果就像冯可参在《县志》中说的，郯城的地方官不是被迫延迟上缴正常的税收，就是忽略他们所照顾的马匹（冯知道他在说些什么，因为他自己正是由于这些原因而被革职）。此外，当地贪污的诱惑极大，因为秣料很贵，而两个驿站中每匹马每年的津贴是三十二两多一点。如果一个人可以取得挂名但未实际服役的马匹津贴，他显然可以弄到一大笔钱。这笔钱远超过虚报马夫或士兵员额所可能得到的报偿，前者一年赚十二点四两，后者一年的薪水则只有六两。

从 16 世纪末开始，中国各地进行了一连串的改革，这些改革将过去的劳役和徭役税改用白银支付。及至 1670 年，郯城的居民已用银钱支付大多数的赋税，但是依然保留了几种徭役：例如收集大量的柳枝，捆绑后用来支撑黄河和大运河上的堤防；引导军马到各个驻扎地；护送运载补给品的骡队；以及提供特别的木材给工部兴建宫殿——这些木材必须一路运送到五百五十多英里外的北京。[15] 此外，虽然习惯上由于郯城的贫穷以及该地与主要水路的间隔，而没有要求该县工人在黄河及大运河上服役，但这项政策先是在 1650 年代初，后来又在 1666、1670 年为了南方骆马湖的疏浚和筑堤工程而有所改变。[16] 黄六鸿曾提到郯城居民被送到近一百英里外，在食宿不良的情况下，从事这项耗资百万两的工程。他感慨道："民之流亡者，未尽复业。地之荒芜者，未尽开垦。"

无疑，在地震前几年，政府依照地方的受灾程度，十分宽大地减少了基本的赋税名额。因此，在明朝末年，郯城应服徭役的男丁原有四万零二人；这个数字在 1640 年的饥荒中，由于死亡或逃亡而减少了三千五百四十人；在 1641 年又减少二千七百三十四人——这些人都是在土匪摧毁马头镇及邻近的集镇时遇害。同年末，又因为土匪袭击后接踵而来的传染病，减少了七百九十人。所以当清军于 1643 年袭境时，县里可以服徭役的男性已降为三万二千九百三十八人。[17]《县志》记载说：这场屠戮非常残忍，"十者仅存三四"；如果我们相信这则记述，用百分之三十的存活率来计算，那么攻击过后将只剩下九千八百八十一名可服徭役的男性。这个数字跟1646年政府分配给郯城县的九千九百二十七人的新配额相当一致。在经过清初的移民迁徙后，又因为1668年的地震，让这个数字进一步降到1670年的九千四百九十八人（然而，就像我们前面所看到的，地方官并不觉得这个数字真正反应了实情）。同样的，正式列名的乡镇数目由八十五个萎缩至三十二个，得以课税的耕地面积，在同一时期也几乎减少了三分之一。

登录在案的耕地面积下降，显示下面两种可能性：一是劳力极度短缺，以致郯城大部分的耕地撂荒；要不就是当时的混乱情势，让地主们得以将自己的土地从税册上除名，并一直保持这种状态。如果第二个选项是对的，那么大地主自然是比拥有小片土地的农民更能发挥影响力，来达到他们想要的结果——而且他们所得到的租税利益可能比表面上看起来还要大，因为注籍的“花地”事实上可能包括两三英亩贫瘠的土地，而这两三英亩土地生产出的作物，可能可以和一英亩良田所产大致相当。[18]《县志》上说，当郯城的土地被评为九点制中的最低一级时，这块地绝对是非常糟糕——很容易遭沂河、沭河或其支流的洪水淹没，整个夏天都泡在水里：指望从这种耕地上定期收获，就像“石田之望岁”，而且充其量只能“十值其一”。但是《县志》中既未提到有多少居民希望登录在这一类耕地中，也没有提到是否有任何有能力将地上积水有效排除的地主家族，曾被重新划归到较高的税率等级。

有时，各式各样的困境会相互重叠，像位于郯城和沂州交界处邻近沂河的峰山社一带，就是一个例子。由于这里的税捐问题日益复杂严重，所以黄六鸿和沂州知州受命在隆冬时节，出外调查，看看到底发生了什么事。他们骑马穿越积雪的乡里并探访当地居民，发现散布在长达六英里多的土地上的十二个小村落，在过去二十年间承受了不同程度的洪水肆虐，并处在绝望的境地。曾经在那里耕种过的三百户人家，有一半不是逃跑，就是死掉。大量的土地遭地主抛弃，成了无主之地，而无法征税。大约有一千六百英亩登记为“沙压”的耕地，曾经生产过农作物，甚至是在轻微的水患期间。[19] 农民们指出，他们曾缴过二十五年的税，因为当时的情形最少比 1640 到 1643 年要好。但 1668 年地震后的大水，将更多的沙子冲积到田里，于是农民们再也付不出任何东西。在这些个案中，地方农民要耗费很长的时间向上陈请——知县也同时向知府请求——才能将耕地正式从税捐名册中剔除。

即使地方农民有多余的谷子或铜钱可以付税，他们的问题却不见得就此结束。官银匠就是一个问题，农民缴税时，必须将铜钱转换为银两，官银匠便垄断了这个销铸的过程。有些银匠会在银的纯度上做假；有些会在铸造银块时私藏一些碎块；有些会在申请盖印证明银的纯度时，额外超收大笔手续费用；有些则会为赶工超额收费——他们十分了解如果自己慢慢地做，农民们便会因为在城里多待一夜而支付额外的花费——还有一些会沉溺在极端的诈骗行为中，例如在银两还没有正确地称出重量前，就踢倒熔炉之类。除此之外，如果乡下居民亲自背负谷物进城，有时会碰到“帮忙的”民众主动提议，在他们休息时代为处理相关事物，然后就带着谷物（据说是去粮仓）一去不回。基于上述种种和其他的原因，黄六鸿说："乡人望城市如地狱，见差胥如狞鬼。"[20]之所以在三十二个社之下实行分权的部分目的，是为了设立地方的收税站，如此一来，农民就不必前往县城。代之而起的是在较方便的地点设置大型银柜，缴到这些银柜的钱，都经过仔细的核对并登录在案（至少在理论上），然后附以登载有正确税额的"三联串票"，这种串票一式三联：一联给纳户，一联给柜吏，一联给知县存档。[21]

郯城所课征的税负不单限于耕地和农产品，还有一些以贡品形式出现的税，以及政府以远低于市面的价格向当地居民购买产品的形式出现的隐藏税。有芦苇税——芦苇可以收集来做屋顶和燃料、渔民税、街头叫卖的小贩税和课征的盐税（由商人预付）。由合法牙人经手的不动产或土地交易，每一笔都要课税。合法的当铺每间每年要缴五两的税——不过被逼至绝境的农民用自己的耕具典当，以获取谷物的交易是免税的。掮客经手的牲口、烟草、棉制品、酒和酿酒的谷类等所有交易，都要抽税。甚至将缴税的铜钱转换成法定纯度的银，也要抽取"火耗费"。[22]

收取这些额外的税负，对纳税人和收税人来说都是一场噩梦，就像蒲松龄在讽刺故事《促织》的开场白中所说的：

> 宫廷里盛行斗蟋蟀的游戏，每年都下令民间上贡一定数额。这些昆虫本来并非西部地区的特产，直到有个华阴县令因为急于巴结上司，送给后者一只技巧纯熟的蟋蟀做礼物。从此以后，他的上司要求他定期供应蟋蟀，于是知县下达命令给里正。结

> 果市井里的小混混找了一些品种优良的蟋蟀，仔细照养。蟋蟀的价格愈来愈高，并被视为稀有之物。征收蟋蟀的胥吏很狡猾奸诈，他们把这件事按人口摊派。每每为了提供一只蟋蟀，逼得多少户人倾家荡产。
>
> 乡里住了一个叫成名的人，一直无法通过秀才考试；因为他很笨，就被狡猾的胥吏推荐做里正。成名用尽方法摆脱这个职位，但摆脱不了。不到一年，他所有的资产都赔光了。又到了提供蟋蟀配额的时间，成名不敢按人头摊派，却又筹不到钱，在悲哀中想用自杀来了结生命。（附录 2.1）[23]

黄六鸿知道，压力、税收和截止期限在郯城都是稀松平常之事。他原打算通过增加镇民的税捐来减轻乡下居民的一些压力，因为他相信可以从城市里的商业活动收取远超过目前所缴纳的税捐。他猜测在可以征税的商业交易中，报缴的不到百分之二十。即使从马头镇也只收了不到五百两的税：二百三十两来自沂河沿岸的盐渍厂，另外约二百五十两来自长途运送布、食物、酒及烟草的中间商。[24] 然而黄无法矫正这种状况。有一个困难是城市的居民不易控制，他们对经济上的不满常常演变成暴动，而且比较有钱的商人根本就不是郯城人——多数来自西北方的山西，虽然也有许多人来自南方的江苏。因此他们有能力对来自自己家乡的地方官员施加压力。马头镇的两位乡约此时都卷入法律案件，显示出他们的弱点和易受攻击之处：程源被当地麴行的经理陷害，指控他涉及一桩复杂的贪污案件；张茂德库存的谷物被两名士兵偷走。张向他们的长官抱怨后，两名士兵带了更多人回来把张毒打一顿，一位在事后不久前往查验的典史说，他被打得“遍体鳞伤”。[25]

有好几道阻碍公平及充分征税的路障，是由郯城的防兵所竖立，因为他们制造了与其人数完全不成比例的麻烦。他们不仅跟马夫和驿站的人员起争执，也对县府的差役动粗：管队张三先是放任妻子割取居民田中的谷子，然后又怂恿班兵反抗前来催粮的快手。另外一名士兵纵容儿子用棒子将皂隶打得满脸是血，自己则袖手旁观。第三名士兵进入捕壮赵应举家中，索酒自饮，并强暴赵妻。其他的士兵，像来自沂州军户的桑四，设法侵种了四百多亩耕地，而税款则分文不缴，又悍然殴打向他收税的差役。[26] 此外，由于有些土地所有权的细节极端混乱，以致无法整理出哪一片土地属于哪一个人。有些人宣称的所有权可上溯到明朝，并且间有交叉；有的合约是在1650年代签署和失效；有些诉讼当事人则大胆地把对自己有利且可追溯到许多年前的伪造证据，插入衙门知县自己的备档中。[27]

黄六鸿发现在郯城，地主用六种主要的欺骗形式来降低土地税的评估。他们用化名雇用经理人来耕种自己的土地，这样就不会因被查到而负责。他们假装其耕地事实上是别里的花户所有。当邻户的税率较低时，他们会以邻居为人头缴交税款，以现金或谷物支付。他们设法假报耕地的品质，例如把评估为百分之三十的中级耕地注册为最低一级（百分之二十），或把最高级耕地（百分之五十）注册为中级。有人让自己的耕地完全从籍册上消失。有人则宣称在自己土地上生长的谷子，是在别人的土地上生长。在郯城，由于许多耕地被住在沂州的地主以低价买去——因而不在当地知县的管辖范围内——问题遂变得更恶化。[28]

这类不法利益，完全是地主基于自身利益所为，就像黄六鸿说的，“欲减多粮而就少，避重差而就轻”。更复杂的是，某些地主借着一套保护和代理汇款的“包揽”制度，来承接别人的赋税责任。想要逃避差徭的男丁，特别喜欢利用这种制度。[29]因为具有科名的地主可以豁免许多徭役，而他们那些贫穷的亲戚朋友，或其他有钱的邻居，都愿意把自己的土地转到这一类特权家庭，以便用较低的税率缴税，并分享一些其他的特权：像付较低的“火耗”，或使用县城的银柜——在此士绅可免付一些附带的收费。穷人们积极寻求加入这种代理关系，为的是想借助有钱人能够带来的税捐利益，并保护他们免受差役的骚扰。地主得到的回报，则是威望和忠实的追随者。上层缙绅可能有几十个这种被称为“供丁”的准眷属，即使低阶科生也可能有十数丁。如此一来，负责分配差徭或登录新增丁口的户长总书，总会避开“供丁”，而将更沉重的负担堆积到没有后台的人身上。结果是，许多穷人原来一年十分之一两左右的赋税，增加到一两甚至二两，这个数目远非他们所能负担的。

1671 年春末，成群的蝗虫从前一年下在田里的卵中孵化出来。在一篇专门为郯城城隍——当地神祇中最重要的一位，直接负责城中居民的福祉——而写的祭告文中，黄试图用一种理性和感情交融的文字来打动城隍，以防止在所有的灾难外，又有新的危机。[30]当地居民对 1640 年那场可怕的虫害和饥荒的记忆，使他的告文益添急迫之感。

敢告于本县城隍。神与本官在本县都必须履行责任：抵抗可能发生的灾难，在困难时提供保护，这些事情是城隍的神圣职务，也是官员的责任之一。今年农民在田中工作时，谷物尚未成熟，但是去年蝗虫生下的卵在土中孵化，使乡下近半数的小麦谷物蒙受灾难。在过去十天中,有更多蝗虫从西南邻邑(邳州）飞入。它们鼓动的翅膀连成一线，充塞田畦，覆盖田亩。居民奔走哀号，好像世界末日降临。

我们先前已向城隍祝祷，但神并未消减这些蝗虫。难道神竟无力拯救我们脱离自然的劫难？还是因为清明（农历四月五日）将近？如果不是这些原因，难道是因为官员失职，并且缺乏诚意去打动下界吗？居民无法逐退这场劫难，所以向上求助官员。官员无法为民众逐退这场劫难，所以他们向城隍祈祷。城隍赫赫在上，难道不能传达这些来自人民和官员的祈祷，向上帝请愿吗？居民认为灾害的扩大，势不可免，因为随着蝗虫前进，它们覆盖了一块千里以上的区域，郯城只是其中弹丸黑子，怎么能单独将蝗虫逐于此地之外？他们这么说，是因为单凭人力,无法补救。但对城隍却非如此。从他身处的有利地位，他可以预知居民和官员的需求，并对他们的遭遇感到难过。

啊！城隍啊，请速驱离它们！别让它们毁坏我们的谷物!别让它们在我们的田地产卵！这样，居民才可能有秋收。惟神之赐。神其鉴之。(附录 2.2）[31]

蒲松龄不相信地方官员能把税收、自然灾害的这些问题处理得比控制盗匪作乱来得好，真要说的话，他对此甚至有更大的怀疑。所以我们发现他精心刻画的主人公小二，比蒲松龄小说中的其他任何人物都更能把居民们从经济崩溃中拯救出来，也比他小说中的其他人物更能得到上天的惠顾：

> 住在滕县乡下的赵旺夫妻，是一对虔诚的佛教徒。他们不吃肉或犯禁的食物，在地方上被视为善人。他们很有钱，并且有一个极为聪明美丽的女儿——小二，赵旺把她当成掌上明珠。五岁时，她跟哥哥长春一样，被送去跟一位老师读书。五年后，她熟读了五经。小二班上有个男孩叫丁紫陌，大她三岁，文采风流。两人堕入爱河，丁并私下向母亲吐露心事，由母亲去向赵府求亲。但赵氏夫妇希望女儿能嫁到富贵人家，而婉拒了这门亲事。
>
> 不久，赵皈依白莲教。徐鸿儒叛乱时，整个赵家也被指为叛匪。小二知书善解，只要看一眼，就能精通剪纸成兵、撒豆为马的法术。徐鸿儒挑了六个年轻女子加以特别训练，小二是其中最好的，所以徐开始传授她所有的技巧。由于小二的表现，她的父亲赵旺也深得信用，被委以重任。
>
> 丁十七岁时，通过滕县的秀才考试，但不愿跟任何人论及婚嫁，因为他永远无法忘纪小二；所以他偷偷溜走，加入徐的旗下。小二很高兴看到他，对他更加优礼。因为她是徐的弟子，徐让她主管军务，昼夜出入他的办公处所，忙得不可开交，甚至没时间留给父母。然而每当丁傍晚来看她时，她就辞退仆人，

两个人独处到深夜。有一晚，他悄悄问她："你知道我来这儿的真正原因吗？"她回说不知道。"我没有攀龙附凤的妄想，"丁说，"我来这里的理由是因为你。这条旁门左道是不会成功的，它注定要以灾难收场。你是个聪明的女孩，难道看不出这点吗？如果你跟我一起逃离此地，一定可以完全信任我的忠诚。"

小二一时之间有点茫然若失，沉吟片刻，才如梦初醒，说道："就这样不告而别，太对不起我父母。请容我禀告他们一声。"

两人就去告诉她的双亲他们的希望和恐惧，但是赵不了解他们在说什么。"我师父是个神，"他说，"他怎么可能犯错呢？"小二知道再劝也没有用，就把少女的束发挽成妇人的发髻。

她拿出两只纸鸢，自己跨上一只，丁生坐上另外一只。两只纸鸢像两只大鹈鸟一样肃然展翅，然后比翼而飞。黎明时分，他们来到莱芜县境。小二捏了一下纸鸢的脖子，两只纸鸢立刻轻轻降落到地面，并变成两匹驴子，这对情侣坐上驴子，朝山阴里疾驰而去。到达该地后，他们托言自己是从当前的动乱中逃出来的难民，于是租了一间房子，安顿下来。两人走得匆匆忙忙，几乎没有携带任何物品，也没钱去买。丁生对此深以为苦，试着向邻居借一点米，但是没有人愿意借哪怕一升一斗。然而小二似乎一点也不沮丧，她当了自己的发簪和耳环。

关起门后，她会平静地坐在丁的对面。两人在灯光下一起玩猜谜的游戏，或者比较读过的书中谁记得最多，以此比比高下。输的人，要挨对方用两个指头击打腕臂。

他们房子西边住了一位姓翁的邻居，是当地猎户之能者。

有一天，他打猎回来后，小二对丁生说：“有这么一位有钱的邻居，还有什么好着急的呢？让我们去看看他是否肯暂时借给我们一千两银子。”丁认为很困难，但她回答道：“我会安排一切，让他高高兴兴地帮我们。”说完，她用一张纸剪成判官的样子，然后放在地上，上面盖了一个鸡笼。她牵着丁的手，一起爬上床，然后热了些醇厚老酒，并找出一本《周礼》来行酒令：随口说出第几册第几页第几人，两人就一起翻开来，谁得了有食旁、水旁、酉旁的字，就罚喝一口酒；如果找到“酒”字的喝双倍。小二碰巧选了“酒人”，丁倒了一大杯酒，让她喝下。喝完后，她恨恨地赌誓：“如果我们能够借到这笔钱，你一定会翻到饮部。”丁翻书，得到“鳖人”。小二大笑：“我们成功了。”然后倒满了一杯酒，要丁生喝下。丁不服，她指出：“你的工作牵涉到水，所以你必须像鳖一样啜饮。”两人正在为这个决定争论时，听到笼子内传来一阵嘎嘎声，小二站起来叫着：“钱在这里。”于是打开笼子一看，里面有一个袋子，装满了金子。丁生掩不住惊讶和欢喜。

过了一会，翁家女仆带了一个小孩子过来戏耍，偷偷对他们说：“刚才和主人回来时，天色已暗，于是他点了灯坐下来。突然间，地上裂开一条深不见底的隙缝，然后出现一位判官对他说：‘我是地府的司隶，太山帝君召集阴曹官员，为所有罪犯的恶行编造一本记录。我必须提供银灯一千盏，每盏重十两。如果你捐献一百盏，我就消除你的罪孽。’我的主人吓坏了，焚香叩祷，并供奉了一千两银子。判官才缓缓地走回地里，地面随即合上。”听到这些话，夫妻两个人都假装很惊讶，啧啧称奇。

之后，两人开始购牛买马，雇用仆人婢女，并为自己盖了一所宅第。地方无赖觊觎他们的财富，纠集了一批歹徒闯入丁家抢劫。丁和太太从睡梦中惊醒，看见满屋都是盗贼，手里拿着火把。其中两个盗贼抓住丁生，第三个则对着小二的胸部上下其手。她光着身体坐起来，手指着他们大叫道：“停！停!”只见这十三个盗贼，伸出舌头，一动也不动地站在那里，像木偶一样痴呆。小二穿上衣服，爬下床，把仆人唤到跟前，命他们把贼人一一反绑起来，自己则逼令他们供出实情，然后责备他们说：“我们来自远方，埋头在这个涧谷里，原以为会得到你们的帮助，没想到你们竟做出这种不仁不义的事！每个人都有顺逆，真正有困难的人，只要告拆我们，我们不是那种积累财富、一毛不拔的人。你们的行为像豺狼一样，合该一死，但是我不忍心这样做，姑且放你们一马——但如果下次再犯，我不会再原谅你们！”盗贼们跪谢而去。

过了一段时间，白莲教的首领徐鸿儒被捕，小二的双亲、赵氏夫妇和儿子、媳妇全被处决。丁生带了一些钱，赎回小二亡兄长春的三岁幼子。他们把他养大，视如己出，并让他改姓丁，名承祧（承继两家香火的子嗣）。于是，村人慢慢了解，这对夫妻和白莲教教徒有关系。这个时候，刚好有蝗虫残害农作物，小二用纸做了几百纸鸢，送去巡逻田地，于是所有的蝗虫都飞到别处，只有她的田地丝毫无损。其他的村民心生妒忌，向地方官告发这对夫妻是徐鸿儒的余党。地方上有位官员也觊觎他们的财富，视为肥羊，所以将丁生逮捕。丁用巨额贿款买回了自由，小二却说："我们用不正常的手法获取财富，这些财富终将消失，可是我们也不能再在这块蛇蝎之地久居。"于是他们贱售家业后离开。

他们搬到益都县的西郊。小二现在变得格外灵巧，擅于理财，比任何男人都会经营生意。她开了一间工厂，制造玻璃用品，并亲自指导所有前来工作的工人。结果，所有从那里制作的灯具，都有最奇特的形状和神奇的色彩，没有一个竞争者能与之相比，她轻易地以高价卖出。几年后，他们变得比以前更有钱。

小二严格地监督仆人、婢女，她养的几百个人中，没有一个吃闲饭的。闲暇时，她会和丁生泡茶、玩象棋或以翻阅经史书籍为乐。对于钱粮收支以及婢仆们的工作，她每五天检查一次；小二亲自拿着计数的竹筹，丁生则按照簿册报着名称和数量。查对以后，勤快的人得到各种奖赏，懒惰的人就鞭挞罚跪。有时候，她会放一天假，晚上也不要人工作。她和丈夫摆设酒食，然后招呼仆人前来，让他们歌唱俚曲自娱。

小二像神明一样明察秋毫，没有人敢欺骗她。此外，她给的报酬都比应得的要高，所以每件事都进行得很顺利。她住的村子里有两百多户人家，她给所有的穷人一笔工作资金，从此乡内没有游惰无业之人。旱灾来临时，她吩咐村人在郊外建立一座祭坛，到了夜里，自己坐着轿子出村登坛。她依禹步作法完毕后，甘霖普降，足够方圆五里之内每个人使用。居民更加以神明视之。

> 外出旅游时，她不刻意遮掩面目，村里所有的居民都看得到她。有时候，村里的年轻人会聚集在一起，彼此私下讨论她的美貌，但是当她本人出现在面前时，他们却噤声不语，甚至不敢抬头看她。
>
> 每年秋天，她给村里一些年纪还小、不能耕作的孩子一些钱，打发他们去采集野菜。这样做了二十年后，野菜塞满了她的楼屋。大家都认为这是件蠢事，私下嘲笑她。但是当山东碰上大饥荒，发生人吃人的惨剧时，小二拿出她储存的野菜，和谷子混合，拿给那些快要饿死的人吃。邻近的村民因此得以活命，不须逃跑或等着饿死。（附录 2.3）[32]

蒲松龄在故事中把玻璃厂作为整个村子的财富来源，他的这个想法一定是从其家乡淄川县南边博山县一家当时真正营运的玻璃厂而来的。[33] 但是郯城却没有地方企业，而黄六鸿既没有外来的财源可资利用，也没有魔法让郯城那些视财如命的士绅——不管是有罪的或受人尊敬的——捐钱出来。他从经验得知，当谈到税收时，对待士绅跟一般老百姓要不一样：一般老百姓如果逼得够紧，通常会因为害怕而乖乖付税；但对士绅却总要宽待几分，因为如果逼得太紧，会有让他们失掉面子的危险——这会导致地方的敌对，他们甚至有可能越过知县向别的上级官员控诉，或给他的幕僚带来困扰。[34]

然而黄最后决定，必须对新汪一位叫刘廷琬的地主采取行动。新汪靠近马头镇，位于郯城西边七英里外，是县里以包揽弊端闻名的四社之一，其他三个分别是位于郯城县东北区的朱吕、重沟和南部的杏塾。[35] 这四个社的居民，多半也因为长时间拖欠税款而早有恶名。黄六鸿答应为那些按期完粮纳税的人，亲自递酒、披红、插花，并鼓乐由衙门中门送出，试图借此提振纳税人的士气。但这招在新汪不管用，此地一半以上的居民和不同的地主有包揽关系，因无法找到这种保护而逃离的人也愈来愈多，结果是留下的人要缴纳更高的税。[36]

1671 年时，新汪的两个社长是胡际明和另一位胡姓同僚。这年暮春，他们对自己无力从陷入逃税、包揽和逃离之恶性循环的乡里挤出税收感到绝望。在绝望中，他们同意出面作证，指控地主刘廷琬，后者虽然在新汪拥有土地，本人却住在县城隔壁的高册社。刘家是支配高册的两大家族之一，他们在那里能提供任何逃亡者安全的避难所。[37] 虽然两位胡姓社长决定在公堂作证指控刘，但他们要求有一个宽限期，直到所有冬麦收成完毕为止，为的是希望能从农民身上抽得足够的税收（等到更多人出售谷物），以达到第一部分的配额。

地主刘廷琬赶忙利用这段宽限期采取行动。他雇用了一个杀手守在公堂外，来恐吓那些可能前来对刘氏家族提出不利证据的证人，同时派了一群恶党，查出二胡的下落，狠狠地揍了他们一顿，连腿都打断了。但是他还不满意，命人把受伤的胡际明吊在一根杆子上带离郯城进入沂州，好进一步拖延整个调查。然后刘自己逃离郯城到别的地方躲了起来。由于没办法找到其他愿意作证的证人，所以这个案子就被搁置了。[38]

注释

1　雪：冯，卷 9 页 15。黄的马：黄，页 68a，描写的是康熙九年十二月二十五日的状况。迎瑞雪：杨，《中国的村庄》，页 17—18。沂州降雨量，见巴克的《统计表》，页 1，表 3；温度，页 7，表 5。

2　郯城县：冯，卷 1 及卷 2；1673 年的地图都印得很糟糕，而且只列出几个地方；之后的郯城县志未列出任何地图。然而，我们可以从冯，卷 3 页 1—2b 列出的坐标中，设法找出一些地点。郯城在 1724 年由兖州府划归沂州：见《会典事例》，页 5443。

3　农作物：郯城 1673 年生长的基本农作物列在冯，卷 3 页 33—34。关于冬麦 / 高粱生长区，这些资料可以跟巴克的《统计表》中的资料互相对照；页 261 列出主要作物的周期。巴克的《地图》，页 3—7，显示郯城（第 112 号）归在邻近的峄县（第 118 号）之下。

4　工作周期：杨，《中国的村庄》，页 16—23，不含稍后从西方进口的农作物花生和蕃薯。巴克，《统计表》的各个部分，讨论山东的冬麦村落。其他有关山东降雨和温度的数值，参见贝尔的《中国》，页 45—47，及巴克的《统计表》。

5　税捐表：黄，页 89c、d。

6　县下区划：冯，卷 3 页 2b 对里甲制度有简短的摘要。每一乡有一位乡长（公正）领导。户头结构在黄，页 84c 及 d 有详细的说明。在冯或黄的书中，我们没有足够的资料重建地方税捐系通的所有细节，虽然对此后的山东其他一些区域有充分的资料可以这么做。特别是下列作者从文件和访谈中收集的资料：景苏、罗仑的《清代山东经营地主》，麦尔斯的《山东的商业化、农业发展……》，以及大卫·巴克的《民国时期山东的省级精英》。

7　税吏：关于明朝荣誉职的例子，见黄仁宇，《赋税》，页 36—37。在《续修郯城县志》（1810），页 144，郁纯和其他一些郁姓人士都以社长列名，《重修郯城县志》（1761），卷 9 页 9b 有他的传记。黄，页 75d—76a，认为二胡都是新汪社的社长，这种两人制度也列在《沂州志》卷 1 页 17。保甲甲长面临类似的问题而弃职潜逃的例子，在萧公权的《乡村中国》，页 80—81，有所描述。丁的数目记录在冯，卷 3 页 3b，卷 3 页 7。此处记载死于地震的八千七百人中，一千五百五十二人是男丁；根据同样的比例，再加上豁免掉的家庭，1670 年登录的九千四百九十八名丁口，意味着人口总数为五万五千至六万五千人。所有的人口数都只是近似值。做这类评估可能碰到的问题，见何炳棣的《人口》，第二章；在山东所做的类似评估，见藤田敬一，页 136—137。

8　保甲：冯，卷 3 页 1—2；黄，页 244—245。萧公权，《乡村中国》，第三章。在页 265—266，萧引用了一些黄本人的观点。市集在冯，卷 3 页 34b。黄书中所用的术语显示，在郯城乡下，户长对自己的土地和家庭负责，甲长负责十家，保正负责十名甲长或一百家，保长则负责四乡之一。

9 登录：黄，页 249，在此举人并不被视为乡绅。

10 民防：黄，页 250c，但是他的每庄五十户，及每乡一百庄的整体数目，只适用于比郯城大的县。

11 拖欠税款：黄，页 89c。

12 预算：税收，冯，卷 3 页 3b—11b；幕僚，卷 3 页 16—17b；军队，卷 3 页 15；河工，卷 3 页 29。各种费用摘要列在《重修郯城县志》（1763），卷 5 页 19—22。1608 年郯城从男丁收取的徭役税（百分之五十六点六）和土地税（百分之四十三点四）的比率，见黄仁宇，《赋税》，页 130。

13 干道：冯，卷 2 页 7—8。

14 驿站：冯，卷 3 页 18—19 关于费用，卷 3 页 23—24 关于讨论。黄六鸿在 1672 年将这个制度加以改革：同上；黄，页 71、72。

15 徭役：黄，页 92c；木材，页 354a。到北京的道路距离，见《重修郯城县志》（1763），卷 2 页 27b。

16 河工的徭役：讨论的文章，见冯，卷 3 页 29；也可以参考黄，页 74d—75a。

17 配额的减少：《重修郯城县志》（1763），卷 5 页 18b；冯，卷 3 页 1b，卷 3 页 7b—8b。

18 花地：相关的讨论，分别参见：黄仁宇，《赋税》，页 40—42；何炳棣，《人口》，页 102—123；以及王，《土地租税》，页 32—33。冯从万历朝的方志中引用了这个最低税等的观点，见卷 3 页 19。

19 “沙压地”的例子：黄，页 68。黄似乎是在描述海浦新生地，也许被临时的冲积沙土所覆盖。

20 诈骗：官银匠，黄，页 87b；拿走谷物，页 99a；“城市如地狱”，页 83b。

21 银柜：黄，页 80a、80c。在页 81c，黄建议每四里设置一个柜子。

22 其他的税收：贡品，冯，卷 3 页 20b，以及《郯城县赋役全书》。其他的在黄书中有所讨论：小贩，页 102；牙人，页 l0lb；当铺，页 101a（1674 年，这些税增加了一倍，以支付三藩之乱的花费）；烟草及酒类，页 101c；火耗费，页 87。

23 促织：蒲，页 484；狄瓜拉，页 689；翟理斯，英译本，页 275—276。

24 城市中的商人：收到的款项，黄，页 73c、d；商人，页 74a、b。关于马头镇的注解，下文页 189 提到资料的出处。

25 市集的乡约：黄，页 74a、70a。

26 防兵：黄，页 70a、77b。

27 合约：黄，页 146d。

28 地主的弊端：黄，页 106d—107b，冯，卷 3 页 15。

29 包揽制度：黄，页 107c—d，把士绅阶级分成乡绅及青衿。冯条列的弊端，见冯，卷 3 页 15b；萧公权，《乡村中国》，页 132—139。关于清初士绅阶级的逃税模式，和未注册土地的问题，西村元照在《清初の土地》中有详细的研究。横山英在《咸丰期山东の抗粮》一文中，分析了晚清在山东爆发的激烈抗争。

30　城隍：冯，卷 4 页 4。关于这位神祇的活动，以及加诸在他身上的荣耀的一般性叙述，见施赖奥克（Shryock），《安庆的庙宇》，页 98—115；城隍在地方阶序中的位置，见吴尔夫，《神、鬼与祖先》一文，收在他的《宗教与仪式》，页 139。

31　蝗灾告城隍文：黄，页 281a—c；由后面的祷词，可以证明这篇祭告文的日期是 1671 年。在蒲书，页 491，蒲松龄有一篇向沂州地区城隍成功祈愿的故事。

32　小二：蒲，页 378—382。吴德明的《故事集》，页 68—74，有绝佳的法文翻译；另见狄瓜拉，页 590—596。

33　玻璃工厂：蒲松龄可能从 17 世纪，淄川邻县博山县兴盛的玻璃制品（琉璃）得到这个想法。从他的一些传记中，我们知道他在多次旅程中，都曾经路过博山。《博山县志》，页 572—576，对这间工厂有详细的描述。方志的资料来源，则是 1665 年初版的孙廷铨，《颜山杂记》。《山东地方史讲授提纲》，页 35—36，及景苏、罗仑合著的《清代山东经营》，页 24—29，对上述玻璃业和其他一些 17 世纪山东的工业都有讨论。

34　士绅的“面子”：黄，页 80b。

35　新汪：黄，页 75c，地理位置见冯，卷 3 页 1—2。

36　纳税人的士气：黄，页 92c。

37　两大家族：从冯，卷 8 页 2 和卷 8 页 9b—12 重新建构出的结论，根据的是在里社的登记中，各姓买得科名或有较高科名的人数比率。高册社就有五个姓张的和四个姓刘的。

38　刘胡案：见黄，页 75d—76c，黄印了两份关于这个案子的报告，呈送给知府。

第三章

寡　妇

The Widow

彭氏的丈夫陈太祯，于 1669 年间因病过世。他生前虽不富有，但留给她一点钱、一块接近郯城的地、一间房子和一头牛。他们有一个男孩叫陈连。现在，养育小孩让他能好好继承父亲的香火，成了这位寡妇的责任。[1]

《县志》中有许多传记，目的在显示一个女人如何靠决心和严格的道德目的守寡、谋取生活并抚养小孩长大，让他们日后成为受尊敬的学者或忠贞的妻子。有一个女人二十一岁时就守寡，先生撇下三个孩子，她成功地把他们抚养长大，并活到八十四岁。李氏守寡并带有两个儿子，她送其中一个去田里工作，自己则靠织布攒钱去教育另外一个。这个孩子先通过乡试，接着又通过省级的举人考试（是郯城一个世纪中，获得这项荣誉的五个人之一）。这两位妇人都于 1670 年过世，但仍有许多其他活着的人替这个理想做见证：丈夫和伯叔都被清军在 1643 年杀害的杜氏，亲自抚养自己的两个儿子、三个失怙的侄子和两个侄女长大，她此时五十五岁。刘氏二十五岁时守寡，无嗣，她从先生的叔叔那里过继来一个儿子，以延续先生的香火，并作为他的法定继承人，她四十六岁。田氏五十六岁，十九岁时守寡，并怀有一名遗腹子，然后将他养大成人。冷村社的范氏是这些人的榜样，八十一岁仍健在。她先后抚养自己的儿子、先生第一任太太的两个儿子，以及她自己失怙的孙子长大。他们全都中了乡试。[2]

蒲松龄对这样的叙述持不置可否的态度，他有时会嘲笑这些忙于织布的寡妇所称的贞洁：

> 有一天傍晚，一位老寡妇正在织布，突然一个年轻的女孩推开门对她说："老婆婆，您不累吗？"女孩看起来十八九岁。她的脸蛋很漂亮，衣服华丽优雅。老妇人吓了一跳，问她来自何方，女孩回答说："我可怜您一个人孤零零的生活，来陪您作伴的。"老妇人怀疑她是从哪个有钱人家逃出来的，于是不断地问她。但是女孩说："老婆婆，不要害怕。我跟您一样孤孤单单地活在这个世界上。由于钦佩您生活的贞洁，特来跟您作伴。如果我们同住，可以解除寂寞，那不是最好的事吗?"老妇人怀疑她一定是只狐仙，便默默不语，暗自疑心着。女孩爬上织布架，开始替她织布，并说："您不必担心。我擅长用这种方式自己谋生，不会让您养我。"老妇人看她如此友善、能干，而且甜美，就放了心。
>
> 夜渐渐深了，女孩对老妇人说："我自己带了棉被和枕头，

> 东西还在门外。您出门休息时，请顺便替我把东西带进来。”老妇人走出门外，发现一袋被子，就带了进来。女孩把它们摊在床上，那是用缎子缝制而成，无比的芳香柔软。老妇人摊开自己的棉被，跟女孩一起躺在床上。女孩才脱了丝质衣服，立刻就有一阵异香盈室。她们一同躺在床上时，老妇人自个儿想道：躺在这样的美人旁边，却可惜不是男儿身。躺在枕头上的女孩笑着说道：“您已经是七十岁的老婆婆了，怎么还会有这种荒唐的想法呢？”老妇回答道：“我没有啊。”女孩说：“如果没有这种荒唐的想法，为什么刚才希望自己是个男人呢？”老妇人现在更加确定，自己正在和狐仙打交道，害怕极了。对此，女孩又笑道：“既然想做男人，为什么又怕我呢？”（附录3.1）[3]

蒲松龄也嘲笑士绅——即编纂乡贤和节烈传的同一批人——由于他们集挑剔及性好渔色于一身，所以大力赞赏别人没有沾染这两样恶习。[4]蒲暗示说，这班人把女性包含在他们的“节烈”名单中，往往有些暧昧的动机。蒲的怀疑，至少在某个层次上，可以由郯城的例子得到明证，因为冯可参提到《县志》中“乡贤、贞烈”传的资料，是来自地方士绅。无可置疑的，这些卷目反映了士绅的价值观，或这些价值的理想类型。我们也知道，这些士绅在编纂史料时，毫不回避地偏袒自己人，因为四位地方上的编者，设法把其中三人的母亲和两位嫂子，列入选定的五十六位女士中。[5]

但是大体而言，蒲松龄似乎同意当时流行的观点，认为寡妇需要道德和确切的目标。因此，在他的故事中，有一篇是讲一位垂死的先生，明确地允许太太再嫁。但是她在丧礼还没完成前，就违反礼俗，和情人私通。亡夫因此对她和其家人施以天谴：她被利箭穿透的裸体，横陈在父亲家里的庭院中，房子则为火所焚。[6]可是蒲跟当时多数人不同，他在小说中描写的寡妇，常常都通晓法律、熟悉衙门政治的错综复杂，对那些想要夺取她们土地或好名节的男性，都能以智取之。[7]他对一位寡妇努力抚养一族的男孩长大所面临的难题，特别感到兴趣。在一篇比较严肃的故事《细柳》中，他通过一位英雌详述了这种困境。这位英雌不但一开始不想嫁给她的丈夫，后来还把一位继子和自己的儿子一起抚养成人。

> 细柳是中都一位士人的女儿。由于她的腰非常细，所以别人给她取了这个名字，意思是“纤细的柳树”。细柳是个有文学涵养的聪明女孩，特别爱读相人书。她生性随和，不道人是非。但每逢有人前来提亲，她总是坚持要亲自看看求亲的对象，虽然她看过许多男子，但都不喜欢。十九岁那年，父母生气地对她说：“天下怎么可能没有一个男人适合你？你想留着一头少女的辫子到老吗？”
>
> 细柳回答道：“我曾经真正希望以个人的力量来克服上天给我的命运，但是这些年来，却没有成功，这是我的命。从现在起我会服从父母的命令。”
>
> 这时刚好有一位出身良好、才识出众的高姓书生要求与细柳同结连理，并且送了聘礼。两人因此成婚。

夫妻二人相处得非常融洽。高生的前妻留下了一个五岁儿子，叫做长福。细柳非常钟爱地照顾这个孩子，每次她要离家去探望父母，长福就不停地哭闹，吵着要跟她一起去，不管细柳怎么呵斥他哄他都不行。一年多以后，细柳自己生了个儿子，名叫“长怙”——可依靠的人。丈夫问她这个名字代表什么意义，她回答道：“我只希望他会长留在父母身边。”

细柳对女人份内的工作做得很马虎，似乎不怎么有兴趣。但是对他们的地产亩数及赋税评估的记录则仔细阅读，惟恐有任何不正确的地方。过了一段时间，她对高生说：“你愿意放弃对家庭事务的照管，让我来经手吗？”高生首肯。整整六个月，家中事务照顾得井井有条，高生也颇为称赏。

有一天，高去邻村跟朋友喝酒。他离开后，一位差役前来催讨税款，他猛力敲门并咒骂细柳。细柳派婢女去安抚他，差役不愿离开，细柳不得已，派了一位男仆去把先生找回来。高回来时，差役已离开。高笑着说：“细柳，你现在开始了解，为什么再聪明的女人，也无法跟一个笨男人相比了吧？”

细柳听了这句话，低下头，哭了起来。高生惊慌，把她拉过来，试着加以鼓励。但有很长一段时间，细柳总是闷闷不乐。高对她这样沉迷家务很不高兴，建议由他自己再度接管，但细柳不肯。

她每天黎明即起，深夜而息，尽最大努力去管理每一件事。她会提前一年把每年的税款保存起来，所以负责催税的差役不再上门催缴。她用同样的方法预先计算出衣食所需，因此控制了家里的开销。高很高兴，开玩笑地对她说:“我的‘细柳’哪样细啊？你的眉毛细、腰细、小脚细，但是我很高兴你的心思比那些还细。”

细柳回答道：“高郎你是真正的高：你的人品高、志气高、学问高，但是我希望你的寿数更高。”

他们村里有一位棺材店老板，卖些漂亮的棺材，她不管价钱多贵，坚持要买一副。因为钱不够，于是向亲戚、邻居借贷。高看不出为什么要急着现在买，试图阻止，但她不理会。一年后,邻近富户中死了一个人,愿意用原价的两倍向她买这口棺材;高见利润不错，怂恿细柳接受这笔买卖，但她不为所动。他问她为什么不卖，细柳不答。他又问了一次，看见她眼中闪着泪光。高很惊讶，但不愿直接拂逆她的意思，事情就此打住。

又过了一年，高生二十四岁。细柳不让他出远门，如果他去某处拜访而迟未返家，她会派书僮和仆人一个接着一个地去催他，在路上接他。高的朋友都拿这件事开他玩笑。

有一天，高出去跟几个朋友喝酒。他觉得有点不舒服，就打道回府，但在半途中，从马上坠落而死。这时天气又湿又热，但幸运的是，他所有的丧服已事先做好。村人都称赞细柳有先见之明。

她的继子长福，这个时候已经十岁了，刚开始学写文章。但自从父亲死后，他变得偏执懒惰，不肯读书。他会逃学去跟牧童一起玩耍，责骂也没有用，细柳甚至用鞭子打他，但他还是继续类似的放肆行为。细柳无计可施，就把他叫到跟前对他说："你的表现说明你不想读书，我们又有什么办法强迫你？但是在穷人家没有吃闲饭的人，现在去换衣服，跟仆人一起工作。不然的话，我就用鞭子抽你，你可不要后悔。"于是长福穿着褴褛的衣服，去看守猪群，工作后回到家，拿着陶碗跟其他仆人一起喝粥。几天后，他受够了，哭着跪在庭院外，要求准许他继续读书。细柳转身面墙，充耳不闻。长福没有办法，只好拿起鞭子，吞下泪水离开。秋天过去了，长福身无衣，脚无鞋。严寒的雨水浸透了身体，瑟缩着头像乞丐一样。村人都可怜他，那些娶了填房的人，都以细柳为戒。他们私下愤怒地抱怨，细柳也渐有所知，但是充耳不闻，仿佛这件事跟她无关似的。最后长福不堪其苦，抛下猪群逃逸。细柳仍然不采取行动，既不派人调查他的下落，甚至连问都不问。又过了几个月，长福已无处乞食，极度悲伤地回到家。但是他不敢进门，而央求隔壁的老妇人去告诉母亲，他已经回来。细柳道："如果他愿意挨一百板，可以进来看我。如果不愿意，就叫他快点离开吧。"

长福听到这句括，跑进来哭着说，他愿意挨打。"你现在知道痛改前非吗？"她问道。

"我会悔改的。"他回答。

细柳接着说："如果你知道悔改，就不必再挨一顿板子了。老老实实地去放猪吧，如果再表现不好，就没有什么可原谅的。"

长福大哭道："如果你让我再读书，我会心甘情愿挨一百下板子。"

细柳没吭声，但在老妇人也一起劝说后，终于同意。她让长福洗了澡，给了他几件衣服，然后让他和教弟弟的同一位老师读书。长福努力学习，颇有进展，和过去大不相同。三年后，他考取了秀才。巡抚杨公看了他写的文章，极为欣赏；他让长福按月领取廪食，作为灯火之资。

另一方面，长怙读书鲁钝。读了几年书，还不会写自己的名字。细柳叫他别读了，到田里工作，但是他宁愿闲混，一副不愿意吃力做苦工的样子。母亲生气地说："士、农、工、商，每一个阶级都各有所业，你既不会读书，又不能下田工作，岂不是要饿死在山沟野地吗？"然后痛打他一顿。从此以后，长怙就跟佣工一起到田里工作。如果起晚了，她就责骂他，然后跟着他一路骂到底。私底下，她开始把最好的衣服、饮食塞给哥哥长福。长怙虽然不敢抱怨，但却深感不平。

田里一年的工作结束后，细柳拿了些钱给长怙，要他学学四处做生意的方法。但是沉迷于赌博的长怙把母亲给的钱都输光了，然后为了要瞒住母亲，编了个故事，说遭人抢劫。细柳发现真相后，把他打个半死，长福跪在母亲跟前求情，愿意以自己的身体代替弟弟挨打，她的怒气才渐渐消下去。但从那时起，不管任何时候，只要长怙走出房子，细柳就派人看着，这才让他的行为稍微收敛，但是这种改变并非真正出自内心。

有一天，长怙问母亲，他是否可以和一群商人一起前往洛阳。事实上，他是想借此机会出门远游，玩个痛快，以满足自己的欲望，却又非常担心母亲可能会拒绝他的请求。但是细柳听后，似乎一点也不怀疑，反而给了他三十两银子，并帮他打包行李。他要离开时，她递给他一块金块，说："这块金子是祖先传下来的，不是用来随便花的，我把它放在你的行李中做压箱宝，紧急时才能用。另外，这是你头一回出远门做买卖，我不指望你赚大钱,只要你不浪费这三十两银子。"长怙出发时，她把这些话又重复了一遍。长怙欣然同意地上路，一路上得意洋洋，对自己十分满意。

到了洛阳，他谢绝了同行的客商，住进一位李姓名妓的家中。跟她住了十几夜后，把银子都花完了，但是因为行李中仍然有块金块，所以他不太担心钱已经用完。然而当他取出金块切下去时，发现金块是假的。长怙吓坏了，脸色发白。李女的母亲知道这件事后，刻薄地诅咒他。长怙也非常焦虑，可是钱袋空空的，也没地方可投靠，他还希望这个女孩能念在昔日的情分上，不会马上赶他走。一会儿，突然有两个人拿着绳子闯进来，然后用绳子迅速地紧紧套住他的脖子。长怙吓了一跳，不知该怎么办。他可怜兮兮地哀求二人说明为什么这样对待他，才得知李女拿了假金块，向当地知府提出诉讼。长怙被带到知府前，知府不许他申辩，命人套上枷锁，把他打得奄奄一息，然后丢进牢里。因为他没有钱财疏通，吃尽了狱卒暴虐的苦头。他靠着向牢友乞讨食物，苟延残喘。

话说在长怙离家那一天，细柳对他哥哥长福说："记得提醒我，二十天后必须派你到洛阳。我现在有很多事要处理，怕到时会忘记。"长福问母亲是什么意思,但见母亲似乎非常悲伤，就不敢进一步追问，退出去了。二十天过去了，长福去问母亲。

细柳悲伤地回答道："你弟弟现在正过着放荡的生活，就像你当年不愿读书时一样。如果不是我顶着恶名，你怎么会有今天？每一个人都说我残忍，但是没有人知道我在枕头上流了多少泪。"说着说着眼泪就沿着脸颊流下来，长福恭敬地站着聆听，不敢进一步追问。哭完后，细柳接着说："你弟弟放荡的心依然浮动着，所以我给了他一块假金子，他会遭到百般虐待，目前一定已经被关在牢里了。巡抚大人很看重你，你去求他开恩，这样你弟弟可免一死，并真正生起悔恨之心。"

长福于是立刻出发。他赶到洛阳时，长怙已经被关了三天。当他到牢里探望弟弟时，他看起来很绝望，脸色白得像鬼一样。长怙看见哥哥后，哭得抬不起头来。长福也哭了。由于巡抚特别欣赏长福，周围每一个人都知道他的名气，知府得知他是长怙的哥哥后，立刻下令把长怙从牢里放出来。

长怙回到家后，怕母亲还在生他的气，所以跪着爬到她面前。"你的心愿满足了吗？"她问道。长怙脸上泪流未干，不敢再吭声，长福则跪在他旁边，最后细柳叫两人都站起来。

从这次教训后，长怙深深悔改，用心地处理家里大小事务，如果他碰巧在某些事情上有所怠惰，细柳也不呵叱责问他。然而几个月过去了，细柳依然没有跟长怙谈起做买卖的事。他想问，却又不敢，于是就把自己的意思告拆哥哥。细柳听到这件事后很高兴，她当了些细软，然后把当得的钱给了长怙。不到半年，他赚回一倍的本金。同年秋天，长福考中了举人，三年后又考中进士。这时弟弟做生意也赚了千万两的银子。

一位商人在往洛阳的途中，设法偷偷看了细柳一眼。她虽然已经四十几岁，看起来却只有三十出头。她的衣服、发型都是最简单的，不知情的人还以为她出生在贫穷的家庭呢。（附录 3.2）[8]

在细柳的故事中，钱虽然制造了高潮，但是缺钱不是事情的重点。事情的重点反而是在同情、纪律和被误导却依然有力的舆论力量三者之间纠葛的紧张关系。但在其他的故事中，蒲松龄描述寡妇的邻居及亲戚如何攻击她，彻底夺去她的家庭和子女——通过打官司或身体的胁迫来逐步夺走她的土地，对她献殷勤来困扰她，迫使她的后嗣沉溺于淫欲，或引诱他们赌掉遗产。[9]

在郯城，我们也可以找到寡妇不时为财务压力所苦的证据，虽然这点常常混含在再婚的压力中。譬如在《县志》里关于吴寡妇——她丈夫抛下了一个一岁大的婴儿——的简短传记中，有下面这一段话："姑卒，夫兄逼令改嫁。乃剪发毁面，尽归故产于夫兄。携孤祉依母以居。"[10] 安寡妇之死则有如下的描述："妻于归甫半载，羡婴暴疾而亡。氏恸哭，誓欲同死，乡人未之信也。次日，将已妆奁衣服焚之，舅姑不能禁。宗党聚而观焉。氏抚膺长叹曰：夫乎！吾从尔逝矣！即以身跳入火中，邻妇救之出。守者始密。又次日，氏谩姑出，即闭门缢于房中。时年一十九岁，人格烈妇矣！"[11]

最后，在寡妇高氏——其夫在 1643 年郯城遭受的浩劫中被杀——的例子中，我们读到："是时，家业尽空，兵慌盗起，人无宁居。氏以弱孀幼子，孤伶苦守。族人又逼嫁而谋其产。氏毁容破面，死不再适。投于县，泣诉，誓无二心。及其葬夫，哀痛七日不食。教子读书，不坠先业。困苦万状，极力拮据。愈变而愈贞者，三十余年。子克成立，贞操如氏。”[12]

似乎可以确定的是，在这些例子中，每一个抗争有成——吴氏的放弃财产、安氏的自杀、高氏向有关当局请愿——的危机，都是源自《大清律》中一条关于寡妇权利及继承法的例则。这部律典是以国家的名义公布，然后由刑部不断更新。它不单只关切公然的犯罪行为，也为各行各业的中国人提供权利义务的标举和权威性解释，结婚的夫妻也一体适用。相关的条文（列在律例中有关经济的部分）规定：“其（妇人）改嫁者，夫家财产及原有妆奁，并听前夫之家为主。”这条规定的原意在鼓励寡妇对亡夫永志不忘，但却产生一个明显的负面效果——即先生的亲戚们不但不鼓励她保持忠贞的情操，反而强迫寡妇再嫁。他们不止免掉了照顾孤儿寡母的花费，并且还能获得实质上的利益。[13]

《大清律》中的这项条款，有助于说明1670年春到初夏这段时间，加诸郯城彭氏身上的压力。彭氏在丈夫死后立刻履行部分责任，把儿子陈连送入村塾。这是一间小村塾，老师以教书为兼职，同时还必须到自己的田里工作，来贴补收入。可是对陈连来说，要考上秀才、光耀父祖，这却是重要的起步。不过从一开始，陈家的亲戚不但不支持彭氏，反而不断制造麻烦。主要的几个坏家伙是她丈夫的堂侄陈国璘、陈国相及陈国连三兄弟。其中，老幺牵走了彭氏的牛，并拒绝归还。这是很严重的一件事，因为牛不仅是农家耕种必不可缺的牲畜，也是显现家庭地位的珍贵证据。它受到良好的照顾，不工作时就拴在家门口，昭告每一个路人。陈国连把牛牵走后，向彭氏勒索了三两银子。老二陈国相不请自来地闯进屋内，企图把她赶走。族长陈三福没有插手帮助她，她丈夫的过继兄弟陈太祥也没有帮忙。然而如果他们的目的是逼她搬离这一带，或再找个男人来保护她自己和儿子，他们是完全失败了。彭氏发誓不会离开自己的家，并和堂侄陈国相怒目相向，后者誓言："我教你一些得不的。"

《清律》也包含了这一条："妇人夫亡无子守志者，合承夫分，须凭族长择昭穆相当之人继嗣。"从陈国相的恐吓和他稍后的举动，可清楚地看出他至少知道这条条文的大意，并企图加以利用。如果陈连这个小孩亡故，而法条的文字又获遵守的话，陈氏三兄弟将继承其财产，因为陈氏家族在 1670 年的排行关系如下：[14]

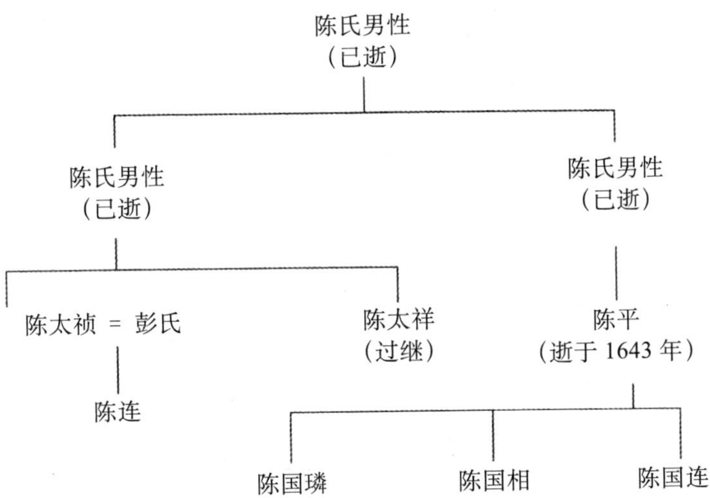

根据法律，陈连的叔叔陈太祥不能继承，因为他是由已经有亲生儿子的父亲从另外一支亲族那里过继而来，因此在继承事宜上，和承续陈氏祖先直系血统的男性相比，不具优先权。[15]

对陈氏三兄弟来说，问题变成这样：如何杀掉陈连这个孩子，而只受到最小的处罚，以使他们能活着继承这份遗产。得到答案的是陈国相，而答案的成功与否，则要靠郯城县最近的混乱情况和（再一次）对法律的熟悉度。三兄弟的父亲陈平，像许多其他人一样，死于 1643 年满洲军队劫掠郯城时，但是他的尸体一直找不到，正确的死亡原因和地点也不详。陈国相决定捏造一个故事，说他的父亲是被陈连的父亲杀死，而身为一个孝子，他对这件事愤怒到极点。最后他替死去的父亲报仇，杀死了——不是凶手，因为凶手已死——其最近的亲戚，即凶手的亲生儿子。为了解释为何在父亲死了近三十年后，才有这项代父寻仇的举动，他会宣称在采取行动前，喝了大量的酒。

在《大清律》中，确实有一个关于儿子和父母的复仇条款，虽然陈氏兄弟未掌握全部的细节。实际的规定是这样的：

> 凡祖父母、父母为人所殴，子孙即时救护而还殴，非折伤勿论；至折伤以上，减凡斗三等。至死者，依常律。
>
> 若祖父母、父母为人所杀，而子孙擅杀行凶人者，杖六十；其即时杀死者，勿论。

刑部的官员注意到“即时”一辞在两条条文中的重要性，1646

年在其后加入简短的修正：如果这位儿子或孙子不是“即时”行动，而是“迟了一会儿”，他就应该按照正常法律的攻击罪接受惩罚（“少迟即以斗殴论”）。如果他杀死了谋害父母的凶手，就应该根据“擅自杀死一个本该处死的人”的法律接受惩罚，也就是说，打一百板（“依罪人本犯应死而擅杀律，杖一百”）。

陈氏兄弟不知道这条法律的细致之处，他们认为“儿子替父亲的死报仇”，一般都应该受到官方的宽大处理。事实上，在中国早期历史中确实如此，但为了要控制这种报仇的举动，《清律》采取了上述实际施行的立场。陈氏兄弟不了解，法律既不会接受二十七年为合理的追溯期，也不会同意凶手的儿子就足以替代凶手本人。[16]

1670 年 7 月 6 日这一天，三兄弟的老二陈国相走到郯城的村塾，陈连正在教室里和同学读书。他带了一根通常用来敲打所洗衣物的沉重木棒。老师不在教室里，陈国相坐在桌子上，问孩子们老师到哪里去了。他们回答说，他在自己的田里工作，陈国相于是抓住陈连，把他拖出教室。教室位于庙宇边，而就在象征慈悲女神的观音殿前，他把男孩打死了。[17]

第二天早上，陈国相向官府投案，承认谋杀的罪行，但是宣称自己是出于孝心，并因为酒精作祟而犯案。他说他在庙里碰巧遇见陈连，这次碰面引发了报仇之举。他的申辩几乎立刻失败，因为私塾学童说他到教室时是清醒的，而且当着他们的面殴打陈连。再者，三兄弟对所谓的谋杀案中，其父多年前究竟在何处为陈太祯所杀，说法不一，而且提不出曾在 1670 年夏天以前，听他们谈论过复仇的证人。事实上，证据显示他们跟所谓的杀父凶手，融洽相处了近三十年。就像知县的讽刺之言所说的，陈太祯很幸运在将近三十年的时间内，都未曾在侄子喝醉时撞上他。[18]

因此陈国相不是在他所希望的孝心复仇条例下受审，而是根据律典中另一个大不相同的条例——殴打二、三或四等亲的亲戚（“殴大功以下尊长”）——量刑。知县的意见是：鉴于凶手和被害者的关系，罪名应该为“殴打三等亲至死”（“殴杀小功亲属”）。因此不管陈国相比陈连年长或年幼，因为他设计杀人，所以判绞刑。[19]

彭氏没有拿回她的牛或钱，因为三兄弟中的老幺带着牛和钱，从郯城逃过边界，找不到人影。她的孩子死了，现在没有夫系的男性直系血亲，于是族长受命指定陈氏支房中的一员为她的后嗣。

注释

1 彭氏：这件案子的细节，记录在黄六鸿于1670年呈给上司的两份报告中，黄，页143c—144c、144c—145c。

2 模范寡妇：彭氏，冯，卷7页22；李氏，卷7页22b（她的儿子是杜之栋，和其他举人一起列名在卷8页4b—5；他的传记见卷7页6）；杜氏，卷7页24；刘氏，卷7页25；田氏，卷7页30；范氏，卷7页29b—30。

3 老寡妇的故事：蒲，页1221，《绩女》；狄瓜拉，页1212—1213。

4 蒲的嘲弄：就像在蒲，页682“宗生”的故事一样，这个故事的一部分翻译，参见下面第五章，页168—169。

5 编史：冯，页3b—4有冯写的序。编纂者杜、梁、张及徐分别跟以下诸人有关系：陈氏，冯，卷7页22b；刘氏，卷7页25；杨氏，卷7页23b；田氏与杜氏，卷7页24b。

6 寡妇与情人：蒲，页699—703，《金生色》。

7 寡妇们的智慧：最好的例子是蒲，页1391—1401的《仇大娘》，说的是一位年轻的寡妇把自己的亲生儿子托给亡夫家，然后回到娘家，帮助自己守寡的继母固守田产，并抚养她的两个继弟长大。

8 《细柳》：蒲，页1019—1025；狄瓜拉，页966—973。

9 蒲书中的其他故事：邻居夺取寡妇的家产，页1210、1284；诉讼与胁迫，页672、878、907、975、1391；纵欲，页308、668、757、1417、1428；赌博，页532、1270、1473、1534。

10 寡妇吴氏：冯，卷7页20b。关于不同血亲间的认养，见鲍来思（Boulais），《大清律例便览》，页186—187（386节）。

11 寡妇安氏：冯，卷7页21。

12 寡妇高氏：冯，卷7页28b—29。

13 继承法：《读例存疑》，页247（078.02条）；斯当东（Staunton），《刑法》，页516，附录12A。《刑法》中规定无子嗣的寡妇得继承夫产中属于她们的一份，但她们再嫁时，这份财产就没收；有子息的寡妇的地位，随着再嫁而不同，端视她是否像上述吴寡妇一样，带着孩子，或是把孩子丢给夫家。蒲，页927，《牛成章》，就是一个虚构的抛弃孩子的例子。丈夫对其妻子再嫁的矛盾心情，见同书，页96、191；害怕再婚后，孩子会被继父母虐待，见同书，页1024、1322。

14 选立后嗣：《读例存疑》，页247（078.02条）；鲍来思，《便览》，页189（398节）。

15 陈连的叔叔：黄，页145a—b；鲍来思，《便览》，页188、190（393、400节）。

16 复仇条款：《读例存疑》，页962（323.00条）；鲍来思，《便览》，页624—625（1444—1446节；在1448节鲍来思举了一个后来的例子，在这个案例中，儿子过了十年后，才替母亲报仇）；斯当东，《刑法》，页 352—353（323 节）。

17 陈家的骚扰：黄，页 145a。关于偷牛的罪行，见《读例存疑》，页 677（270.06 条）。关于山东农场的牛，见杨，《中国的村庄》，页 48；贫穷村塾的课程和管理，见页 144—145。

18 陈连遇害：黄，页 145b—c。

19 殴打亲戚：《读例存疑》，页 930（317.00 条）；鲍来思，《便览》，页 611—612（1410 节）；斯当东，《刑法》，页 344—345（317 节）。

第四章

争 斗

The Feud

蒲松龄对家庭争吵知道得很清楚。下面是他描述他自己早期婚姻生活的经过：

> 我是父亲的第三个儿子，十几岁时还未订婚。我的父母亲听到刘公准备给他的二女儿订亲，就通过媒婆开始议亲。有人批评我父亲穷困，刘公回答道："我听说他像那些在世上忍受屈辱的神仙一样，也听说他教儿子读书，不因为穷困而放弃课业。他要确定他们不会误入歧途，所以穷有什么关系？"于是他们拟定了婚约。1655年，谣言四起，说朝廷将选一些出身良好的女孩做妃子，每个人都变得很不安。起初刘公不相信这个传言，但是不敢坚持己见，所以跟别人一样，把女儿送到女婿家住。她那时十二岁，跟未来的婆婆董氏睡在同一房里。谣言平息后，她回到自己家。

> 两年后我们成婚。她温柔深情、朴实寡言。虽然不像嫂子们那样聪明伶俐，但也不像她们那样让婆婆不快。我母亲常说她有一颗赤子之心。她非常喜欢她、宠爱她，碰到人就称道。这使我大嫂更加恼怒。她联合我另一个嫂嫂，一起来对付我太太，责怪我母亲偏袒，并不断暗中侦察。但是，我母亲继续正直、公平地行事，用爱来维护我太太，好像是自己的孩子一样——她对偏房的庶子也如此——从不留下任何话柄。
>
> 然而，其他两位嫂子用最笨的借口找我母亲的麻烦。她们引起永无休止的吵闹，长长的舌头永远不会静下来。最后我父亲说："事情不能再这样闹下去了。"于是把二十亩田分给几个儿子。那年收成不好，我们只得到五斗的荞麦和三斗的小米。其他人拒绝接受破败的工具，吵着要拿那些完好的，但是我太太依然不出声，仿佛哑巴一样。我两个哥哥最后都得到独立的主房，每一栋都有完整的厨房和客厅。我是唯一要全部搬出去的人，最后搬到一栋有三个房间的老旧农舍，农舍的墙没有一面是完整的，四面长满了小树，所有的东西都覆盖着荆棘和杂草。（附录 4.1）[1]

从这些经验里，蒲松龄发展出他一些最野蛮的故事：其中一篇是讲一个大家族中的兄弟与继兄弟——每个人的名字都取自一项完美无瑕的儒家德目——在一连串日趋激烈的恶斗中，把家给拆散了。此外，从他对地方盗匪集团的观察和流行的乡野传奇中，他超越了单纯的模仿，看到社群内赤裸裸的恐怖所造成的后果，看到不幸如何孵化出轻率、卤莽以及几乎无法处理的突发和不理性的暴力。[2]蒲松龄对当地官员处理这类状况的能力没有什么信心，下面这则关于崔猛的故事，其道德教训只是要说明：这种暴力必须完全用个人的意志来控制；如果把个人意志朝社会整体利益的方向引导，那么我们可以期望，最后它也许可以用来弥补官员的疏忽，让地方村民得以保护自己。

> 崔猛，字勿猛，是建昌一户望族人家的儿子。他的个性刚毅倔强，小时在私塾读书时，同学中只要有人稍有违逆，他就会扑上前去殴打一番。老师不断尝试阻止他，都没有用，所以给他取了这个名和字。
>
> 崔猛十六七岁时，已经练得一身好武艺，手撑一根长竿子，就可以跳到房顶上。他好打抱不平，所以乡人都尊敬他，找他求助诉冤的人挤满了他家的门庭和大厅。崔猛抑强助弱，不在乎是否树敌。如果有人反对他，他会用石头或棒子把他们打得肢残体破。所以每当他怒火发作时，没有人敢劝阻他。
>
> 崔猛唯独对母亲非常尊敬，只要母亲一到，他就会平静下来。她会责备他的行为，而他会服从她所有的命令。但一旦母亲离开，崔猛便忘得干干净净。
>
> 隔壁人家住了一位刁悍的妇人，她残酷地虐待婆婆，老妇人几乎被饿死。老妇人的儿子经常偷偷喂她食物，但一旦被恶妇发现，她就会用种种借口咒骂老妇人，所有的邻居都听得到她的叫骂。崔猛被惹火了，他翻墙越过恶妇的家，割掉她的鼻

子、耳朵、嘴唇和舌头，她当场就死了。崔猛的母亲听到这件事，非常震惊，她把这位邻居请过来，用尽一切方法安慰他。她还给了他一个年轻的奴婢，整个事情才平息下来。

但接着崔猛的母亲恸哭不食。这下他慌了，跪在她面前，求她鞭打，并表示深刻的悔意。他的母亲继续哭而不答，直到崔的妻子同跪在旁边才停止。母亲这才杖责崔猛，并拿针在他的前臂刺上十字形的图纹，用红土抹入针刺之处，让它们永远无法消除。崔忍耐下来，母亲才开始进食。

崔猛的母亲很喜欢施舍食物给前来化缘的和尚和道士，他们常常来她家，饱食一顿。有一天，崔猛在门口遇到一位道士，道士凝视着他说："郎君看起来，满身都是横暴之气，我恐怕难保阁下的善终。积善之家，不应该这样的。"

崔猛才从母亲那儿受到警告，所以当他听到这句话时，恭敬地回答道："我自己也知道，但我一看到不平之事，就无法自制。如果我强迫自己改变，就可以免除这种命运吗？"

"我们暂时先不要管能不能免除，"道士笑着回答，"首先我要你问问自己是否能改变。你必须竭力控制自己，但如果你有万分之一的机会做到这一点，我就会授你避死之道。"崔猛从来不信驱邪之术，所以只是笑而不答。"我知道你不信这套，"道士说，"但是我说的和巫术无关。如果照着做，也是一件发扬美德的好事，即使不成功，也不会有任何伤害。"崔猛于是请求道士进一步指点，他回答说："门外有一个小孩，你必须和他结成好友。他就是那个当你被判死刑时，有能力救你活命的人。”道士把崔猛叫出门外，指出他说的人。

这个男孩姓赵，名叫僧哥。赵家原是来自南昌，但因为那里闹了一年的大饥荒，所以他们搬到建昌。从这时起，崔猛对赵僧哥体现出最大的情意，他邀请僧哥到家里跟他同住，他要什么，就给什么。赵僧哥这时十二岁，他登堂拜望崔母，和崔猛结拜为兄弟。第二年，赵家的家长到东边处理一些事情，带着全家离开，崔猛因此和僧哥失去联络。

自从隔壁人家的妻子死后，崔母就紧紧看着她的儿子。如果有人前来诉苦，她会不客气地把来人撵走。有一天，崔母的弟弟过世，崔猛跟她前往丧家吊唁。在路上遇见一批人，捆着一个年轻人，他们咒骂着，要他快走，并殴打他。想一探究竟的围观群众把路给堵住了，旅客都走不过去。崔问发生了什么事，认识他的人都争相围上来，向他解释。

事情的经过是这样的：某位知名士绅的儿子，在地方上横行霸道。他注意到李申之妻的美色，决心占为己有。因为找不到借口，就派了一位家里的侍从去跟李申赌博。两人对赌时，他以高利借给李一大笔钱，非要李拿自己的妻子做借款的担保，李输得愈多，他就借得愈多。第二天清晨，李已经欠了几千两银子。半年过去，本金加利息超过了三万两银子。李申无法还钱，于是他们派了一批人强行捉走他太太。李在门外哭号抗议，他们把他拖走，绑在一棵树上痛打一顿，并用锥子刺他，直到他被迫签下“无悔状”，不再追究此事。

崔猛听到此事，怒气窜得像山一样高——他鞭马前进，仿佛要开战一样。但是他母亲打开轿帘叫道："嘿！你又要开始了吗？"崔猛因此打住。他们吊丧之后返家，但是崔既不讲话也不吃东西。他一动也不动地坐着，眼睛直瞪前方，仿佛被什么事所激怒。他的太太问他什么事，他不吭声。那晚他和衣躺在床上，翻来覆去直到天明，第二天晚上，也一样和衣躺在床上。突然间，他开门出去，忽然又回来躺下。这一动作持续了三四次，他的太太不敢问他，只能焦急地躺在床上，屏息倾听。最后崔出去了好一会，回来后，他关上房门，呼噜大睡。

同一天晚上，骗妻者躺在床上时被人杀害——他的肚子被剖开，肠子流出来。李申的妻子，也被人发现赤裸裸地陈尸在床边地板上。

官府怀疑李申犯下此案而予以逮捕，他们用夹板残忍地拷问他，脚踝骨都打得露出皮肤，但他还是不承认。最后，过了一年多，他屈打成招，被判处死刑。

此时，崔猛的母亲过世。葬礼结束后，崔对太太说："老实说，是我杀了那个人，但因为老母在世，不敢承认。现在我对她的照料已了，怎么还能让别人承担我犯下的罪行？我必须向官府自首就死。"崔的妻子吓得抱住他，但他挣脱而去，向衙门自首。知县大吃一惊，把崔猛关进牢里，打算释放李申。但是李不愿离开，坚持他是真正的犯人。知县无法判决，把两人都关在牢里。李的亲戚都来劝他，但是他说："崔公子做的是我想做却没能力做的，在他替我做了这件事后，我怎么忍心看着他被处死？今天就当崔公子没有出来自首就是了。"他拒绝撤回供词，而和崔猛争相认罪，直到最后衙门里的每个人都知道事情的真相。李被强迫释放，崔猛则被判处死刑。

就在他处决日前，一位来自刑部的赵姓官员，碰巧在此区检视死刑犯的名单，看看是否有人可以减刑。当他看到崔猛的名字时，就命左右侍从回避，然后召他来见。崔进来后，抬头看着堂上，认出是赵僧哥！两人又悲又喜，崔告拆他事情的真相，赵徘徊良久，仍然下令把崔关进牢里，但告诉狱卒好好对待他。他根据自首认罪的律例减轻崔的刑责，把他判到云南充军。李自行登记为崔的仆人，跟他一同前往。不到一年，他获得特赦返家，这又是由于赵的帮忙。

崔回家后，李始终跟着他，帮忙管理所有生意上的事情。崔给他钱，他不接受。他对爬竿、拳击等本领，颇感兴趣，崔猛对他极为体恤，给他买了一个太太，并给他土地。崔现在决心痛改前非，每次他触摸前臂的疤痕，眼睛就会闪烁着泪光。如果地方上的邻居发生争吵，李就会假装奉了崔猛之命，前往调解，却隐瞒着不让他知道。

有一个王姓的监生，家里有钱，却作威作福。四方的无赖之辈或素行不良之人，常常聚集在王家。地方上的殷实之家，许多都遭到掠夺，如果他们企图抗议，王会派盗匪在路上把他们杀掉。王的儿子跟他父亲一样好色残忍，两个人都跟王的寡婶维持不正常的关系。王的妻子仇氏试图阻止，结果被王勒杀。仇氏兄弟因此正式向知县提出控告。可是王贿赂了知县，仇氏兄弟反而被控诬告。几个兄弟不知该向何处求援，去找崔帮忙，但被李拦下，把他们打发走。

几天后，有几个客人来访，碰巧仆人都不在，崔要李申出去准备茶水。李默不作声离开房间，稍后他跟某个人抱怨："我是崔猛的朋友，跟他流徙了一万里路。你不能说我表现不好，但他从没给过我工钱，反而待我像仆人一样。我不喜欢这样。"说完生气地离开。这个人将李申的话转告崔猛，崔虽然没什么举动，但对李的改变很惊讶。

李在没有预警的情况下，向知县衙门提出控诉，控告崔猛三年没付他工钱。崔极端讶异，亲自和他对质。李生气地和他争论，但知县不相信李的说词，把他打了一顿后逐出衙门。几天后，李申突然在夜间闯入王家，干掉王氏父子和寡婶。他在墙上贴了一张纸，上面写着他的名字，但当巡捕前来逮捕他时，他已消失不见踪影。王家幸存的成员怀疑崔是嫌犯，但知县不相信。这个时候，崔猛才开始了解李先前的指控，目的在使崔不被卷入稍后的杀人案件。逮捕李申的通缉令被送到邻近的几个县份，但因为此时李自成的叛乱（**注：李自成于 1630 年代，在中国西北举事叛乱，1644 年攻占北京，结束了明朝。同一年，他被满洲军逐退，后者建立了清朝**），烽烟四起，整个案情渐为人遗忘。明亡后，李申带着家人回来，并和崔猛重拾往日的友谊。

此时盗匪蜂起，王的一个侄子王得仁集合了一帮过去由他叔叔招募的恶棍，在山中建立基地，落草为寇，掠夺当地的村庄和田野。有一天晚上，王得仁纠众下山，说要找崔猛报仇。

崔恰巧不在家，李申幸运地看见他们过来，及时越墙逃走，躲在一个安全的地方。盗匪们到处搜寻崔猛，却找不到他，于是带着他的妻子和所有值钱的东西离开。

李回来时只剩下一个仆人，他非常震惊、沮丧，不知道该怎么办。李拿了一条绳子，割成几十段，短的给仆人，长的自己留下来。他要仆人越过贼巢，爬到半山腰，在那里点燃一段段的绳子，散挂在荆棘上，然后他就可以回家，不必再担心任何事。仆人答应着去了。李注意到盗匪都是腰围红带，头戴红巾，所以他也依样穿着。门外有一匹刚刚产完小马而被盗匪留下来的牝马，李拴住小马，给牝马上了鞍，衔枚出发了。到了盗匪抢占的一个大村落的土匪窝后，他把马拴在村外，然后翻墙而入。他看到一群盗匪四处移动，身上还带着兵器，李申很巧妙地问出崔妻的下落，知道她被关在王的房里。不久，传出号令，要众人就寝，轰的一声，众人齐应。突然有人大叫说：东边山上起火了。所有的盗匪于是聚在一起观看，一开始只有一两粒火花，但愈来愈多的火花像星星一样出现。李上气不接下气地冲出来大喊说：东山危险。王被惊动，戴上盔甲，率领部队离开，李乘机溜到部队的右边，返身回到村里。

他看到两个盗匪在棚子下站岗，就对他们说："王将军忘了他的佩刀。"当两人急忙进屋找刀时，李从后面猛砍他们的头！一个倒地而死，另一个回头看着李，李把他的头也砍下来。李背着崔妻爬过墙，解下马来，然后把缰绳交给她，说："你不知道回去的路，就交给马去找好了。"牝马快步奔离，急于回到小马身边。李跟在后面，一直到山里的一处狭谷，在那里他点燃绳索，悬挂在各处，然后回家。

第二天，崔猛回来了。由于遭此大辱，身心都为狂怒之情所撕裂，而想单独骑马去攻击盗匪，但是被李申巧妙地劝阻。他们聚集所有的村民，共同商议战略，但大多数村民都很胆小，不敢采取行动。经过多方劝谕解释后，他们找到约二十位看似勇敢的村民，但不幸他们没有武器。碰巧此时他们在王得仁的亲戚家捉到两名奸细，崔正要杀掉他们时，为李所阻止。他吩咐这二十位村民手持白木棍，在两个盗匪前排成一行，然后割掉他们的耳朵，放走他们。村民们都很生气地对李说："像我们这种装备，正害怕盗匪知道。如今反而把虚实告拆人家，万一他们发动全部人马，向我们进攻，这村庄一定保不住了。"

"我就是要他们来。"李说。首先他抓出并杀掉那些藏匿盗匪的人，然后派人到各处去弄了些弓、箭和火枪，他自己则去城里借了两门大炮。

黄昏时，李申带领一些强壮的村民，来到山区的狭谷，把大炮安置定位，留下两个人掩藏着火种埋伏好，并要他们看见盗匪就开炮。然后他走到山谷东边的出口，砍下一堆树，放在山崖上。他和崔猛每人各带十人，埋伏在峭壁边。一更将尽时，他们听到远处的马嘶声，土匪果然蜂拥而来，人马络绎不绝。村民们等所有的盗匪都进入山谷后，将树滚下，截断他们的退路。同一时刻，大炮也开始射击，哭喊声震天，充塞整个山谷。盗匪后退逃窜，彼此互相践踏，但当他们退到东边山谷的入口时，却无法通过，又没有其他的方式可逃。矢石炮弹像雨一样，从两边的峭壁上射下。断头残肢的盗匪横七竖八地堆在山谷中。

只有二十多个盗匪还活着，他们长跪在地上，乞求饶命。有人受命下去把他们绑起来，当成俘虏带回。村民们乘胜直捣贼巢，守巢的卫兵听到他们来了，纷纷逃避，村民于是从营里拿走所有的军备回家。

崔喜不自胜地要李说明他早先的点火计划。李回答说:“我吩付仆人在东边山上点火，是怕盗匪向西边追赶。我用了一些短的绳子，是要它快点烧起来，以免敌方的斥候发现那里没有人。我在山谷入口处放火，是因为入口很窄，可由一个人阻断，如果盗贼追我到那里，看到火时会被吓回。这是一个针对危急时刻设计的下策。”他们问了几个捉回来的盗贼，盗贼证实曾追赶李到山谷里，但看到火时被吓住而撤回。

他们割掉这二十个盗贼的鼻子、耳朵，然后放走。从此，两人的声名大震，四方的避难者都前来追随，挤得像赶集一样。两人组织了一支三百多人的民团，各地凶残的盗匪，没有人胆敢攻击，地方的百姓靠着两人而得到安宁（附录4.2）。[3]

在郯城县住着一户王姓人家，可能是蒲松龄杜撰的王家的原型。王家的户长叫王三，他原先住在郯城县东北二百五十英里处的栖霞县，曾是于七军的先锋。这支叛军曾在1661年到1662年初，在山东山区和三支清军对峙数月之久。围攻的军队将叛军击破，并对叛军基地的村落采取凶残的报复措施后，于七设法逃走，留下许多属下遭到处决。王三也在同时逃走，到了郯城。在这里，他用带来的钱，在县区正南的五丈沟买了一座楼堡，这样他就可以在紧急时，溜过邳州的边界，离开山东的辖区，进入江苏省。村民们曾看到成群的马队，在夜晚带着弓矢，骑马到他家，而王家的人也经常连续几天骑马外出，但没有人敢向官府揭发这个家族。

王三有个跟他一样难缠的儿子，名字叫王可习。他娶了当地庄姓地主的女儿，这位庄姓地主除了把女儿嫁进王家，还立契出让六十英亩的良田给王家。庄进行这两笔交易的动机，是要从王家买得保护，因为地方上每个人都知道王家人是盗匪兼地主。[4]

郯城没有提供蒲松龄虚构的英雄——凶猛的崔猛——的原型，当地一个叫李东振的农民也许与崔猛独立不羁的性格最接近。[5]李住在郯城西南十五英里，靠近涝沟集的地方。他在此有一栋疏落错置的房子——几间土墙和泥土地的房间绕着一个中央庭院，外面是一片围墙。房子虽大，却有些简陋，没什么可偷的。七个儿子有六个跟他住在一起，长子李瑗搬到附近的泥湖村，自谋生计。

父亲和大儿子两个人都希望承租庄家拥有的六十英亩地，因为这块地紧挨着他们的地，根据邻居说，他们对此“有垂涎之意”。当庄在 1670 年春天把这块地立契转让给王三时，他们简直气疯了。李氏父子任由牲畜乱跑——好几次他们的驴子和猪，越过王家新田的标界——以表达对庄把土地转让给王家的失望。

初夏有一天，王可习跟几个人到田里耕作时，发现李瑗家的一只猪正在拱地。他杀死了这头猪，并咒骂李东振放任他的牲畜践踏王家田地。李东振也火了，骂王家人“仗着响马的势子”。虽然这样说再真实不过，王家却断定这项最新的指控是一种公然挑衅的举动，不能原谅。7 月 6 日（恰巧在这一天，陈国相在城郊打死了陈连），他们跟三个朋友在家里碰面，计划对李的侮辱加以报复。他们决定再多找两个人——莽撞出名的苏大和老练可靠的李胖子，然后派了一个同伙，去算命的那里问问哪一天是“举事”的黄道吉日。算命的推荐“双六”农历六月六日（7 月 22 日），所以王家安排在那天傍晚行事。[6]

22 日下午，王家一伙人暗藏凶器，骑驴越过乡间。他们把驴子留在李东振家后面的小山上，然后躲到树下的草丛里，直到夜晚降临。他们总共来了八个人：一个留下看守驴子，王三负责把守房子后面的路，两个人被派去看守前门口，王可习用红泥巴抹了脸，以免被人认出。他和另外三个人翻墙进入李东振家的院子里。那晚很热，李跟两个朋友，还有几个儿子躺在院子里。他还来不及站起来，王可习就在他心口刺了一枪。李蹒跚地站起来，大叫道：“是谁？”又一刀砍在他脖子后，另一刀刺穿他的侧骨，他倒地而死。李东振的第五个儿子接着被杀，然后是第七个儿子。第六个儿子朝门口跑去，但被砍倒（第二天死去）。女性未遭伤害，但是两个客人都受了伤，并被迫告知王其他儿子的下落。这时，老三尽管头部中了一刀，仍能跑到邻居家，鸣锣示警。听到锣声，凶手们重新集结，骑驴返家。[7]

整整三天，李家幸存的成员试着决定该怎么办。他们没人敢直接指控王家，邻居不敢，受伤的客人也不敢。李家最后决定对庄家——把土地让渡给王家的邻居——提出报复性抢劫和劫杀父子四命的指控。[8]李家人估计，庄为了要免除对自己的指控，最后必定会牵扯出王家。虽然捕役根据李家人的指控，逮捕了庄某，并将他带到郯城县城审问，但是没有人会想到，王三竟厚颜地亲自来到公堂，发誓说庄某是良民，没有理由逮捕他，而他王三，愿意具状担保庄的行为。接着，他在满堂差役的惊讶注视下，护送庄离开公堂，没有一个差役敢挺身相抗。[9]

两个星期后，李瑷提出另外一项告诉，这次是关于"劫杀四命"，对复仇和抢劫略而不提，也没有指名控告谁。刚就任知县的黄六鸿，决定试着找出隐藏在这些不同指控背后的实情，虽然他知道很困难，因为即使在他自己的衙门内，安全防卫都很差。然而他最少找出了二十四个分散在本县四乡之内的地方无赖的下落，这些人在他自己的衙门里都有不同层次的关系，他一做成任何决定，他们立刻就得到消息。[10]

知县的方法是迂回以进。他先召唤李瑷做了一次私人夜谈，面谈中他保证帮助李家对凶手报仇，因此说服李瑷说出全案的主嫌。李点名王家，并提供凶案的细节后，黄送他回家。第二天，他传唤了一位确定可以信任的捕役余彪，问道："你知道杀害李东振父子的盗贼的名字吗？"[11]

余警觉地看了他一会，回答道："虽然我知道是谁干的，但不敢告诉大人名字。"

黄："那么只要告诉我如何逮捕他归案就可以了。"

余："要捉他并不难，只担心走漏风声。"

黄："你知道谁和他有仇吗？"

余彪又想了一段很长的时间，然后回答道："县里有个叫管明育的人，弟弟被这名盗贼杀害，每次他提起这件事，就难过得掉泪，但却不知道如何报仇。”

黄继续小心地行事，因为仅是召唤这个管某，就可能使他遭受报复。替代之道，是传唤管的堂弟管明告，后者正卷入一件刑案。然后让管明育以庄头的身份陪他听审。[12] 审讯后，他传唤管明育做了一次私人交谈，谈话再度以问答方式进行。

黄："明告是你弟弟吗？"

管："不是，他是我堂弟。"

黄："你是独子，没有弟弟吗？"

管："我有一个弟弟，但已经亡故。"

黄："他是怎么死的？"

管："被贼人杀害。"

黄："哪些贼人？"

管："大人既然问我这件事，一定知道盗贼是谁。杀我弟弟的人是王三。我弟弟当时十三岁，在田里收割时，不小心误入王三的田地。王三把他绑起来，拖到家里杀害，并埋在他家后花园的某处。我不敢告诉大人我到现在还有多么恨他。杀害李东振父子的是同一个王三。如果大人有何吩咐，请尽管告诉我。"

黄："手足之仇岂可不报。后天我会到东乡检查税收的情况，当天早上，你必须到王三家去一趟，确定他在家。我会命令余彪躲在花园墙后，只要你一告诉余，我立刻就到。如果走漏任何风声，我就取你性命。"

然后黄取出六两银子，给了管三两，并答应在王三被捕之后，给他另外三两。

在黄这一方面，为了履行双方的约定，他必须聚集一支够强的兵力去逮捕王家人，而且这个消息不能事先让他们知道。至少在理论上，他有足够的部队去处理这个情况。在郯城县有三支正规军：一百五十名士兵驻扎在县城，用以防守城区或乡间较小的集镇；八十名在县的最南端，也就是重要的红花埠驿站值勤；二十一名被指派防守通衢要道上的七间政府客栈。这些兵力约四分之一划归为骑兵，剩下的是步兵。另外有一百三十二名骑兵和马夫，属于另一个主要的驿站。知县自己的属员有一百零三名；其中有五十名民壮（乡勇），十六名皂隶和八名马快。这些马快似乎是黄六鸿最可靠的僚属——他们年薪十七两半，几乎是年薪六两的皂隶和士兵的三倍——受过良好的训练，而且忠诚；但是其他人就有问题了。由于没有很好的配合，营兵和马夫之间不断起争执，甚至在街上争吵，而营兵和骑兵两者都对胥吏、差役暴力相向。马匹状况极差，且数量远不足规定的一百三十匹，马厩里的马许多都羸弱得不堪乘骑。甚至负责管理城区营兵的千总朱成名——虽然他很勇敢，而且是个好军官——也因为和王家有良好的关系，而不能在这件案子上有所倚借。[13]

为了把走漏消息的风险减至最低，黄知县只简单地宣布他要到马头镇一带做例行的检视旅行。在跟管明育谈过话的那一天傍晚，他聚集了一组近四十人的马队——包括八名马快和三十名他自己的民壮——向马头镇出发。朱千总自愿一同前往，黄说不需要，但告诉他可以第二天在重坊集附近碰头。为了逼真起见，黄知县和他的人马冒雨向西骑了六英里到马头镇，但并未停留，略事休息后就离开，然后彻夜向西南骑往重坊，在破晓前一刻抵达。此地距王家约六英里，他们在此进食、休息，捕役余彪则往约好的地点和管明育碰头。[14]

一行人正在吃早餐时，余彪急驰而回，说管明育已依计划到达王三家里，要向他致意，并带了两只鹅做礼物。王三大为高兴，请他进屋，两个人一起喝了点酒。但是黄知县必须赶快行动，因为王正计划在早上稍晚时骑马到涝沟赶集。黄六鸿刚和朱千总带来的二十名骑兵会合，然而即使在向王三家急驰而去之际，他还是拒绝告诉朱要去哪里，只是大声说："到了你就知道。"

尽管有这些精心的预防措施，他们到达时，王三不知怎么已经有所警觉。门被栓住，有些人拿着神枪火器，有些拿着剑，都站在某一固定位置。而王三（被黄的一名马快认出）整个人站在墙上，拿着一支方天戟。

黄最担心的是，王的人马会分散到附近茂密的高粱田中，而且他知道攻打这栋庄园是一场恶斗。所以当王佯装退到屋后时，黄将计就计，带领自己的亲兵到屋后，希望王会乘机逃到邳州，如此一来，他就可以在接近边境的平地设下圈套逮捕他。"我们引虎下山。"黄告诉左右巡捕。王三和二十名贼众从前门骑马而出，黄随后追赶。他们到达邳州边境时，王依然领先他的追捕者，朱千总则按兵不前，说官兵越界违反规定。追逐的刺激，让黄超越平常作为行政者的谨慎，大叫道："郯城官兵追郯城盗贼，还什么例不例的？"然后带着人马过河。[15]

在河的另一边，背靠着一座小山，王三和他的徒众正等着他。我们不清楚他们为什么要停在那里：或许是马疲了，或许他们以为郯城人会停在自己那一边的边界，或许他们认为知县的人马没有大战一场的决心。后者最有可能，因为王三一伙立刻采取攻击，用矛把朱的一名管队刺下马，同时刺向另一名的胸部。这两名管队因为穿有胸胄，所以受伤不重，但却让其他人丧失勇气，停滞不前。直到知县的一名内丁用箭射中敌营一人的前心，将他杀死，情势才为之改观。民壮的情绪，因为管明育带领约三十名武装村民抵达而为之一振。现在王家人大约是二十人对九十人，一场恶斗于焉展开。

王可习被管明育用棍子打昏，王三纵马救儿子时，被箭射中胸部落地。王的其他三个同伴，不是被杀，就是被活捉，其他人纷纷逃走。黄没有追他们，他已经抓到两个他最想要的人。

二王被带回郯城县城，彻夜讯问。王三的箭伤开始溃烂，在讯问中死亡，不过是在承认参与杀害李东振之后。王可习也坦承不讳。尽管王三已死，郯城却陷入一片惊慌。士绅们开始收拾细软，害怕王的党羽会掀起一场全面性的叛乱。有人试图从狱中救出王可习，此事让黄感到非常不安，所以下令把他运解到北方沂州更牢固的监狱中。[16]

王家人被捕后的第一天，郯城西南的一些村落，有超过八十户人家逃离，他们应该是和王三一伙有关系。他们大概是害怕遭到报复，但不清楚他们害怕谁：其他帮派分子、知县的部队或是他们自己的邻居。

王三在郯城居民的记忆中久久不散。虽然王三死于箭伤说明他不像有些人所相信的那样神通广大。然而人们忘不了他活动的范围、党羽的规模，或那惊人的虚张声势：明明自己是凶手，却亲自到公堂，为被控的替罪羊作保。

王家人承认犯下律典中最严重的罪行之一："杀一家三人。"条文为："凡杀（谓谋杀、故杀、放火、行盗而杀）一家非（实犯）死罪三人，及支解（活）人者，凌迟处死；财产断付死者之家；妻、子流二千里；为从者，斩。"[17]因此，人们也许会认为李东振的遗孀和四个遗子，在这件法律纠纷解决后，应该可因为王三这些年来累积的钱财而变得富有，但事情却非如此。当黄清点五丈沟王三家的财产时，吃惊地发现：三间房子中，没有一间有值钱的东西，只有一些简单的家具；而在宽敞的马厩里，虽然地上的马粪盈尺，却没有一匹马，只有几头驴子。王的一位佃户提供了答案：王在郯城不留任何值钱的东西，他只把郯城作为基地，而将每一样值钱的东西，都运到跨越江苏省界的邳州，由他的歃血兄弟朱贡生看管。[18]没有证据显示，知县曾着手进行必要的行政和法律程序，去削减一位江苏贡生的财产，并将之移转给山东的一户农家。

注释

1 蒲的家庭：《蒲松龄集》，页 252：普实克译，《两件跟蒲松龄生平有关的文件》，收在普实克著，《中国历史与文学》，页 86。（我用了一些代名词，取代蒲的第三人称格式，并试着让这一段文字更清楚。）

2 家族内的争斗：蒲，页 1580—1587，《曾友于》；翟理斯，英译本，页 193—201。蒲，页 1292 有一个故事，同样是以讹传顺治朝廷欲选良家女入宫一事做重点。

3 《崔猛》：蒲，页 1127—1134；狄瓜拉，页 1289—1298。这篇故事有许多模仿自英雄故事和《水浒传》式的情节，并不是特别典型的蒲氏叙事风格。有关《水浒传》对明朝晚期山东居民的影响的讨论，见朱永德，《白莲教》，页 115—116。

4 王三：关于王过去的事迹和不同的别名，黄，页 197b 有记载。于七之乱的细节，载于《莱阳县志》（卷末，附记部分），页 5b—6。蒲松龄把这场动乱当成不同故事的焦点。例如，《野狗》，蒲，页 70；《公孙九娘》，页 477。

5 李东振：这件案子的细节，由黄六鸿写在两份冗长的报告中，见黄，页 140a—141d、196d—200a。

6 指控侮辱：黄，页 140b、197c。杨，《中国的村庄》，页 169—170 讨论到，在山东乡区，公开的侮辱如果导致“颜面尽失”，是极其重大的事。

7 杀人：黄，页 140c—141a。

8 控诉：关于另一件出于报仇的抢劫杀人事件，见冯，卷 7 页 25。在这起事件中，土匪在 1650 年袭击归昌时，“仇贼”杀了孙氏的生员丈夫（“仇贼屠夫”）。“仇贼”并不是《大清律》中贼盗部分的单独类目；见《读例存疑》，页 589—622（266 条）。

9 工具状担保：黄，页 197c。

10 二十四名无赖：黄，页 39c、d 有所描述。这里的描写，和小说《水浒传》中的山东世界有更多类似之处：在听到知县计划逮捕造反分子时，宋江正好是衙门差役，所以得以警告他们；李逵是江州临狱的狱卒。见欧文（Irwin），《一本中国小说的演进》，页 123、132。

11 余彪：黄，页 197c、d。

12 管明育：黄，页 197d—198a。

13 知县的资源：军队，冯，卷 3 页 17b—25：僚属及其薪资，冯，卷 3 页 16b—17b；骑兵与步兵的比例，见《重修郯城县志》（1763），卷 4 页 16b—17。黄对千总朱成名才干的描述，见黄，页 70d。我认为他跟这个案子中的朱君是同一个人。马夫对营兵，见黄，页 70c。那个夏天马匹的状况，见黄，页 40c。

14 重坊之旅：黄，页 198b。一个让人惊讶的、关于黄的精确性的例子，可以从他的记事中看出：该年农历六月仅有二十九天，而非三十天，所以农历七月的第一天是二十九号的“次日”。农历历书的解说显示康熙九年确实是如此。

15　战斗：黄，页 198c—199b。

16　逮捕与惊慌：黄，页 199c—d。

17　杀一家三人：《读例存疑》，页 815（287 条）；斯当东，《刑法》，页 308（287 节）；鲍来思，《便览》，页 551（1249 节）。

18　王在邳州的基地：黄，页 199b。

第五章

私奔的女人

The Woman Who Run Away

冯可参在《郯城县志》传记部分所书写和征集的记忆，要求的是最高标准，并宣称代表了最高标准。这对女性而言，较男性来得更为真实，而这些“贞妇烈女”传记的传播，是地方贤能之士——他们完全根据政府宣称的价值观行事——将心目中正确的女性举止，强加在他人身上的重要方法之一。他们所谓的正确举止，一般是就女性对丈夫而言。因为五十六篇印于1670年代的郯城女性传记，只有三篇是关于未婚女性的，而这三位中，又有两位是已订婚并准备结婚的。[1] 他们鼓励的德行有贞节、勇敢、不屈不挠和对通行的男女等级差别毫无疑问地接受——必要时甚至以死相从。这些女性中，有十五位自杀，其中十三位自杀的动机，是忠于过世的丈夫或避免遭到强暴，因为强暴会让先生和太太一起蒙羞。相对于黄六鸿严厉批评的为复仇或出于愤怒而自杀，这些自杀（如果是没有子嗣的女性）在道德上被视为“正确”，因为它们显示出女性对丈夫的高度尊敬。即使先生在地方上不再拥有良好的声名，这些自杀仍为人称赞——从高氏的例子可以看出。这位女士前往探视病笃的丈夫，后者因谋杀罪系狱。在牢里，她企图用缠脚布吊死自己和先生。她的企图被狱卒挡下来，并不许她再探监，她只好到城隍庙，向城隍祝祷道："妇人从一而终，夫之不幸，妾之不幸也！奈何独生？妾志定矣。与其身殉于终，孰若断之于始。妾之事，惟神鉴之。"于是她在城隍庙的廊下上吊自杀。[2]这些自杀事件，不限于受过理学忠贞思想洗礼的士族成员：在丈夫因病过世后自杀的刘氏，是木匠的女儿，她的丈夫是个农场工人；[3]另一位则嫁了一位在李家庄和莱芜镇之间买卖往来的小商人。[4]

妻子必须忠于丈夫，是一种强烈的坚持，甚至适用于订婚而未结婚的女性。另一位刘氏，未婚夫张寿在婚礼完成前过世，刘的父母偷偷安排，把她许配他人，她"截发毁面"，发誓永远忠于应该成为其夫君的人。她坚持侍候张的父母，当他们是公婆一样，并终身和他们过着简朴素食的生活。更严厉的是一个年仅十三岁的小女孩的传记所述，她跟未婚夫刘某的家人，一起住在郯城北方的望天社。这种安排在当时非常普遍——年轻的女孩可以得到食物和保护，未来的婆婆则得到额外的帮手打理家务。但在1651年正式的婚礼举行前，刘遭人毁谤，说他和寡嫂有染。出于澄清名声及证明自己的清白等冲动的想法，他把自己给阉了。他的父母和年轻女孩的母亲都表示婚约如今已不成立，因为"刘已废人"。他们安排一门新的亲事，但是当新丈夫被召来时，年轻的女孩借口说在接待他以前，必须先沐浴净身，于是关上门，投缳自尽。[5]

这类故事保留在活生生的记忆和书面记录中。1671 年，还有很多活着的人可以向当代人传达过去的牺牲：王氏的公公七十多岁；曾经做过社长的郁纯已过了九十岁；范寡妇八十一岁，她的传记显示在 1615 年大饥荒时，她已经生了儿子——当时，人“或数十文钱，郎鬻其妻，一二馒首，郎鬻其子”[6]——并在 1622 年，白莲教叛徒诱使许多郯城人送命时，变成寡妇。对大多数上了年纪的生还者和年轻的子孙辈来说，最冷酷的故事必定是环绕在 1643 年清军掠夺他们的城市时。正是从这些故事中，我们可以找到一些最典范的案例。登录在郯城贞烈传中的女性，最少有九位的丈夫在那年被清军杀死，《县志》中也描述了其他四位烈妇如何结束生命：谢氏和田氏嫁了两兄弟而住在一起，当部队接近时，她们在同一根梁上用自己的腰带上吊而死，一个二十四岁，另一个二十岁。[7]何氏在五年前，丈夫过世，成了寡妇。她企图带着六岁女儿逃跑时，被士兵捉个正着；她反抗不从，士兵用刀击之，她突围而出，投入井里，双手还怀抱着女儿。第二天，邻居听到小女孩的哭声而救了她女儿一命，不过何氏已经身亡。[8]当部队掠夺屋外的房间时，陈氏正和八岁的儿子在自宅的中庭等待。她的丈夫已前往城里某处，想在兄弟的协助下，把母亲带到平安的地方。陈氏和儿子相泣于中庭，士兵进入房间，把她拖过房门，带到屋外。她奋力挣扎，对他们大吼、咒骂。当他们把她拖过大门丢到街上时，她依然不停咒骂，因此遇害。[9]

其他一些人在郯城幸免于难。徐氏被部队捉住并受了伤，但她设法跟六岁的儿子逃了出来。当士兵杀了杨氏的丈夫和婆婆时，她正怀着七个月的身孕。她公开为他们举行葬礼，士兵们也任由她去做（两个月后，部队离开时，她产下一名男婴）。高氏在军队杀害了她丈夫和年纪较大的孩子们后，抱着五岁的儿子从城墙上跳下。她向东逃逸，在尝试度越沭河时，差点淹死，不过被当地村民救起，并给她和男孩一个栖身之所。[10]

蒲松龄在一篇叫做《张氏妇》的短篇故事中，对这些女性的勇气致上自己的敬意：

> 1674年，三藩起来作乱时，派往南方的远征军，在兖州府休兵养马；当地的鸡犬房舍全部被洗劫一空，妇人和少女都遭到奸污。
>
> 在这个季节，霪雨不断，田地积水成湖。人们无处可躲，就越过墙垣，避入耸立的高粱田中。士兵们知道这种状况，都光着身子骑上马，尾随于后，在水中捉到人便予以强暴，很少人逃得过。
>
> 只有某张姓之妻没有躲藏，公然待在家里。晚上，她和丈夫一起在厨房里挖了一个很深的坑，然后用茅草填满，上面盖了一层薄帘，再覆以草席，看起来像床一样。然后她在火炉旁继续煮饭。
>
> 部队来到村里时，她走出屋外，一副要献身的样子。两个蒙古士兵抓住她，准备要加以强暴，但她对他们说："我怎么能在别人面前做这种事？"其中一个士兵咯咯笑起来，和另一个人吱吱喳喳说了几句话，然后离开。这名女子跟另一个士兵进入屋里，指指床，让他先爬上去。薄帘破掉，士兵陷进坑里。

> 女子又另外拿了一张草席，放在坑的薄帘上，然后站在坑边，引诱进来的士兵。没有多久，士兵回来，听到坑里的叫喊，但不知道在哪里，女子笑着用手招呼他说："来啊。"这名士兵爬上席子，也掉了下去。女子就往坑里扔下更多的柴草，然后放火点燃整个坑：一时烈焰冲天，连房子也烧了起来。女子大叫失火。火扑灭时，有股强烈的烤肉味，有人问她那是什么味道，她回答道："我有两只猪，由于害怕被部队拿走，所以把它们藏在坑里。"（附录 5.1）[11]

蒲松龄在故事后面附了一段简短的评论："巧计六出，不失身于悍兵。贤哉妇乎，慧而能贞！"

对蒲松龄的清朝编辑者来说，这个故事显然太没有遮拦，所以他们在故事集付梓时，将之删除。或许对当时的人而言，这些"蒙古人"分明就是满洲人，这个故事因此迹近谋反。但在其他许多故事里，蒲松龄让他的女性面对的，不是外来的蹂躏者，而是其他更复杂的社会挑战：

> 有一个叫宗湘若的读书人，在秋日到外面巡视田地，在一处禾稼茂密的地方，看到作物剧烈摇动。他感到很困惑，于是沿着田畦前往一探究竟，发现一对男女正在野合。他大笑着往回走，但是这个男的很尴尬，束紧腰带匆匆地跑走。
>
> 女的也站了起来。读书人仔细端详，发现她非常可爱，被她吸引住，很想自己也能跟她苟合，但是他对在乡间野地上做

> 这种事感到羞耻。他走近她，掸掉她身上的泥土，问道："你喜欢在乡野间幽会吗？"女子微笑不答。
>
> 宗生把她身体拉向前，解开她的衣服。女子身体光滑如脂，他上下其手摸了几遍。女的微笑道："你真是个腐朽的秀才。你要想怎么样就怎么样，为什么这么轻狂地乱摸？"他问她的名字，她回答道："我们春风一度，就各奔东西，你何必费神细究？难道你要记下我的名字，替我立一座贞节牌坊吗？"
>
> 宗说道："在乡间草露上野合，是山村养猪的奴才做的事，我不习惯。像你这样的丽质佳人，即使与人私会，也应该自重些，为什么这样糟蹋自己？"女的似乎完全同意他的说法，所以宗对她说："寒舍离此不远，请你光临，和我共度良辰。"（附录 5.2）[12]

女的被这种求欢方式降服，当天晚上，两人在他家舒适的环境下发生关系。

当地社会为蒲松龄提供了无限的灵感之源，因为他对潜伏在肉欲关系里的各种问题都有兴趣：首先是现金交易关系，从他的各个故事里，我们可以就他对女性价码的比较评估——虽然这种评估带有相当的嘲讽——编出一个价目表：和最高级的妓女过一晚可能要花上男人十五两银子，但要永远拥有这么一位美女，却得花上一千两；二百两买一个年轻的歌女，一百两买一个长得还不错的妾；但只要花十两，就可以买到一位丑陋、坏脾气的地方士绅的婢女做妻子；花三两，鳏寡的农民就可以买到一个普通的妻子（一两给书记

窦女。从那时起，每当他经过窦家，总会带一些食物或酒，和窦小酌一杯。女孩慢慢和他熟稔起来，不再碍于习俗而有所避讳。她会毫不犹豫地走到他面前，如果南盯着她看，她就低下头，微微笑着。

南三复对她更加痴迷,一日不见如隔三秋——直到有一天,窦碰巧外出。南坐了好一会,等窦回来,最后女孩出来招呼客人。南三复强拉着她手臂，试图勾引她，但是她红着脸，生气地把他推开："我虽然穷，但如果你要娶我为妻，为什么要用财富、傲慢来欺压我？"刚丧妻不久的南三复,在女孩面前低头道:"如果你可怜我、关心我,我一定不会娶别人为妻。"女孩要他发誓,南指天为誓，说自己永不变心，女孩就委身相许。

从那时起，只要窦廷章不在家，两人就在一起合欢。女孩不断催促南三复："我们不可能长久维持这种关系而不为人知,只要你愿意娶我，我的父母一定深感荣耀，不会有任何挑剔。你必须赶快想个办法！"南答应想办法，心里却怀疑是否该跟一个农夫的女儿成亲，于是用各种借口推脱。碰巧媒婆前来提亲，帮他找了一个出身良好的妻子——起初南三复还犹豫不决,但一听说未来的新娘既漂亮又有钱，就决定娶她。

这时窦女已经怀孕，对南三复催促得更紧，要他娶她。南三复干脆和她切断关系，也不再来看她。临盆时间终于来到,窦女产下一名男婴。她的父亲气得打她，窦女才一五一十地吐露实情，直到她说南三复答应要娶她，窦父才放过她，并派了一位调人和南联系。南立刻推得一干二净，窦便把婴孩放在门外，更加严厉地责打女儿。窦女偷偷地央请一位邻居太太，向南转告她的苦楚，但是南三复依旧不理。

当天晚上，窦女逃出家门。她发现孩子躺在屋外，依然活着，于是紧紧抱住他，向南家急急行去。她敲打南家大门，并对门房大喊："只要能得到你主人一句话，我就可以免于一死；即使他心中不再有我，难道不想想他儿子吗？"门房把这些话转告给南三复，但南就是禁止门房让她进来——女孩倚在门上，悲痛地哭泣。凌晨三点左右，声音停止。天明时，他们看见她怀中抱着孩子，坐在那里，人已僵死。（附录 5.5）[16]

尽管自己的婚姻美满，蒲松龄对婚姻却不感情用事。他知道对许多女性来说，婚姻可能是一个不愉快的陷阱。有时他会为这些女性提供逃离的幻景，像在《云翠仙》这个凄凉的故事中一样：

梁有才在山西长大，后来搬到山东，以做小贩维生。他没有太太，没有儿子，也没有田产。

地方村民爬泰山时，他通常会陪着去。4 月，去泰山上香的人络绎不绝，加上和尚、尼姑带领一群群几十个或上百名的男子，杂错地跪在神座下，看着香慢慢烧光。这仪式叫做"跪香"。

在群众中，梁有才看见一位十七八岁、长得非常漂亮的女孩，被她深深地吸引住。他装成香客，移过去跪在她旁边，又假装膝盖痛，没有力气站起来，把手撑在地上，同时乘机压到她的脚。她转过头，很生气的样子，膝行几步离他远点。梁又膝行着凑过去，一会儿，又压到她的脚。女孩发觉了有才的企图，站起身来，不再跪香，走出门去。有才也站了起来，走出门追她，但是看不到她从哪条路离开。他放弃找她的希望，沮丧地回家。在路上，他又看见这个女孩跟一个似乎是她母亲的老妇人走在一起。她们边散步边聊天，有才赶快走到她们后面，听到老妇人说："这次你能参拜碧霞元君娘娘，实在是件好事。你没有弟妹要你照养，希望娘娘能冥冥中给你护持，帮你在现世找到一个孝顺、正当的好丈夫，即使不是贵公子、富王孙，也没有关系。"

有才听到这番话非常高兴，渐渐和他们靠近，并开始询问老妇人。老妇人告诉他，自己姓云，女孩叫翠仙，是她的亲生女儿，她们家住在西边四十里外的山丘上。

"山路不好走，"有才说，"您的步伐慢，妹妹又是莲步轻移，如何才能回到家？"

"天色已晚，我会留在她舅舅家过夜。"老妇人回答道。

有才说："刚才您提到找女婿，不会因为对方贫穷或出身卑微而嫌弃他，我还没有娶妻。不知道可合您的心意？"

老妇人问女孩的意见，但她不愿回答。最后，经不起老妇人一再相问，女孩回答道："这人福薄，又好色，轻薄的人，很容易反复无常。我不想成为这种浪荡子的妻子。"

听到这句话，有才指着太阳发誓，说自己绝对是朴实、真诚的人。老妇人听了很高兴，最后终于同意他的求婚。女孩很不高兴，却只能怒目而视，母亲为此打了她一巴掌，并加以斥责。

有才勤快地献着殷勤。他自掏腰包，替老妇人和女孩雇了两张山兜和几个挑夫担她们上山，自己则徒步跟在后面，像是她们的仆人一样。每到山路惊险处，他便吆喝挑夫不要跌倒、不要摇晃椅子，一副很担心的样子。一行人就这样一路到了村庄，有才受邀一起到女孩的舅舅家。舅舅是个老头儿，一起出来迎接的舅母也一样老。云老太大称他们："哥哥"、"嫂嫂"，并告诉他们说："有才现在是我的女婿，今天既然是黄道吉日，用不着另择日子，今天晚上就可以举行婚礼。"

翠仙的舅舅非常高兴，拿出酒和食物招待有才；过了一会儿，翠仙穿着礼服出现。床铺铺好后，他们退下就寝。翠仙对丈夫说："我知道你不是正人君子，迫于母命，与你为伴。不过如果你表现得还像个人的话，我们住在一起应该不会太痛苦。"有才唯唯诺诺地记下这些话。

第二天清晨，翠仙的母亲起个大早，她对有才说："你最好先走一步，我女儿和我会随后赶到。"有才于是回到家，整理了一番。稍后，老妇人护送女儿来到。她们四处打量了一下，发现屋里一件家具也没有，老妇人说："你这样怎么能过活？我快回家一趟，帮你减轻一点困境。"说完就离开。第二天来了一批男女，带着衣服、食物和各种有用的物品。他们把这些东西塞满整个房子，然后连饭都没吃就离开了，只留下一个婢女伺候这对夫妇。

从这时起，有才坐享温饱。他每天邀请村里的无赖和他一起饮酒、赌博，并开始偷取翠仙的发饰、耳环，以筹得更多的赌金。翠仙劝他，他也不听。最后，她无法忍受，开始紧紧地看着自己的珠宝盒，就像防强盗一样。

有一天，一群赌友敲门拜访他时，碰巧瞥见翠仙。他们都当场愣住，取笑有才说："你明明是一个大富大贵的人，为什么不断哭穷？"有才问他们什么意思，其中一人回答道："我们刚刚看了你老婆一眼，她真的美若天仙。她虽然嫁给你，却跟你的家道很不相称。如果你把她卖给人家做妾，可以得到一百两银子；把她卖作妓女，可以得到一千两。家里有一千两银子，还有什么能阻止你随心所欲地喝酒、赌博呢？"有才没有直接回答，但心里却同意他们的话。

从那时起，有才在太太面前或是突然叹气，或是抱怨自己贫困不堪。如果她不理他，他就用拳槌打桌子、乱丢刀筷、咒骂婢女，并不断持续这类举动。有一天晚上，翠仙买了一些酒，和丈夫同饮。突然间她说："你每天因为贫穷而不快乐，我也不能阻挡这些贫穷，分担你的忧愁，怎么能不感到羞愧呢？除了这个婢女，我没有值钱的财产。如果我们卖掉她，你可以把钱拿去做点生意。"

但是有才摇摇头说："她值几个钱？"

他们又喝了一会儿酒，翠仙说道："我对你还有什么不能答应的呢？只是力量有限罢了。在我看来，我们穷成这样，即使我死跟着你，也不过和你吃一辈子的苦，永远没有发迹的机会。最好你把我卖给有钱人家，这样我们两个都有好处，你得到的钱，也比卖婢女多得多。"

有才假装很惊讶，问道："我怎么能做得那么过分？"但是因为翠仙不断谈论这件事，而且脸上的表情很严肃，有才高兴地说道："我们日后再商量。"

于是有才和当地一个极有权势的家族中的太监联系，把翠仙卖掉，并登录为官妓。这位太监亲自登门造访有才，一看见翠仙，心中大喜。惟恐交易生变，立刻起草了一张八百两的契约，事情就此底定。

"我妈妈一直为了女婿家的贫困，担心不已，"翠仙对丈夫说，"现在我们之间的情意已断，我要离开这里，回家探望她一下。再说你和我断绝关系，我怎能不告诉她呢？"有才担心她母亲会横加阻拦，但是翠仙向他保证："我自己十分乐意，保证她不会干涉。"

有才于是同意走一趟。当他们到达娘家时，已接近半夜。他们敲了外门，进入中庭，有才看见一栋几层楼高的华丽建筑，男女仆人不断忙碌地前后穿梭。在有才和翠仙共同生活的这一段时间，每次他要求拜访岳母，妻子总是加以阻挡，所以虽然他做了一年多的女婿，却从没拜访过岳家一次。他对房子的华丽感到惊讶，并担心翠仙不会同意嫁为人妾或做一名歌妓。翠仙领有才到楼上，老妇人吃了一惊，问这对夫妻为何而来。翠仙抱怨道："我从一开始就说这个人靠不住，现在证明我是对的。"然后从衣服里取出两锭黄金放在桌上说："幸好这两锭黄金没被这个小人偷走，现在可以归还给母亲。"母亲吃了一惊，问发生了什么事。"他想把我卖掉，我藏的金子派不上用场。"

然后翠仙指着有才咒骂道："你这个豺狼鼠辈！你过去肩挑着货物，脸上沾满尘土，脏得像鬼一样。你第一次接近我时，我被你的汗臭味熏得快要窒息。你皮肤上的积垢好像要塌下来一样，你手上、脚上的烂疮有一寸长，让我整晚作呕。我嫁到你家后，你安安稳稳，坐享饭饱，那张狰狞面目才显露出来。在我自己母亲面前，我怎么敢用这些事诬陷你？"

有才低着头，大气也不敢出一口，翠仙继续说道："我知道我不是特别漂亮，可能不能满足某些贵人，但我自认配你这样的人绰绰有余！我哪一点不好，你竟然对我不留一丝情义？如果我愿意，我可以替我们建一栋楼宇，买一些良田。但是我看得出来，你会欺骗最亲近的人，像乞丐一样哀号。你不适合跟我终老！"

翠仙讲话时，一些婢女老妇卷起袖子，把有才团团围在中间。听到翠仙对他的指控，她们就开始对他唾骂，并对翠仙说："应该杀掉他。再说这些干么？"有才非常害怕，倒在地上，承认自己做错了，但现在已真心悔过。

翠仙更生气地吼叫："你想卖掉自己的妻子，已经够罪过了，还嫌不够。你怎么忍心把一个同床共枕的人卖掉做娼妓？"话还没讲完，众人瞪大了眼睛，用发簪、剪刀刺向有才的两肋和大腿。有才尖声哀叫，乞求饶命。翠仙叫仆人住手，说道："你们现在可以让他走了。虽然他不仁不义，但我不忍看他害怕发抖的样子。"说完，带着众人走下楼去。

有才坐在那里，听了好一阵子，直到语声俱寂，希望能设法逃出去。突然间向上一看，看到满天星斗，东方天色已白。四野苍茫，树林环绕。渐渐地，最后一些灯光闪烁而逝，根本就没有房子，有才发现自己坐在悬崖边，向下看去，是深不见底的溪谷。他很害怕会掉下去，轻轻移动了一下身体，然后听到轰的一声，他坐的石头从悬崖边坠落。幸而半山腰上横着一棵枯树，把他的身子挂住，才没有跌到谷底——虽然他不能用手或脚抓住枯树，树枝却撑住他的双肩，向下看是白茫茫一片，无法猜测有多深。他不敢转身或弯腰，惊恐地大声嘶喊，整个身体都肿胀起来，眼睛、耳朵、鼻子、舌头，以致全身都失去力量。

太阳慢慢在天际升起，最后有一个樵夫路过，看到有才。樵夫拿了一根绳子，放下去，把有才拉上悬崖。因为有才喘得很厉害，看起来快要死的样子，所以樵夫把他送回家。有才家的门户洞开，屋子里像破庙一样残败。床、柜和家具都不见了，除了破垫子、枕头、毯子和一张烂桌子等婚前拥有的家当外，没有东西留下来。有才心神涣散地躺下，每天饿了，就从邻居那儿要点东西来吃。慢慢地，他肿胀的身体开始溃烂。村里以前那些朋友看不起他的作为，都开始唾弃他。有才不知道该怎么办，于是把房子卖了，搬进一间简陋的小屋，靠沿路乞讨维生。

他随身带了把刀子，有人怂恿他用刀子换些食物，有才都加以拒绝："我住在荒郊野外，必须保护自己不受老虎、狼群攻击。我就用这把刀来保护自己。"

过了一段时间，他碰巧遇到当初怂恿他卖妻的那伙人中的一个。有才走近他，开始哀叹一番，然后冷不防抽出刀子，把那个人刺死。审案的官员听完所有的案情，不忍对有才动用酷刑，而把他关进牢里。有才因为饥寒交迫，死在牢里。[17]

但那些没有魔法、金钱做靠山的郯城女性该怎么办呢？嫁给任姓男子的王氏又该怎么办呢？

虽然他们一定是在1660年代末的某个时期结婚的，但我们不知道确切的日期，我们也不知道他们的名字，我们甚至不知道任某如何养得起一个太太，因为出于种种原因，郯城的女性远比男性少——这些原因包括杀害女婴、给女孩次等的食物、富有的男人家里常常纳有三妻四妾。[18]任某也许不须要付任何现金，甚至不需要依据习俗，在娶王氏为妻时，付予聘礼，因为王氏似乎是个孤儿——或者至少没有活着的亲戚住在附近——而且因为任自己的生父是个七十岁的鳏夫，她可能是以童养媳的身份进入任家，帮忙做些家务杂事，等年纪够了，就嫁给任，像许多乡下年轻女孩一样。[19]

对这对夫妻，我们知道的是：在1671年初，他们已经结婚，住在郯城西南八英里归昌集外的一个小村庄。他们很穷，任某靠着在别人的耕地上做佣工维生。他们的家只有一个房间，里面有饭锅、一盏灯、一床编织的睡席和一个稻草床垫。我们也知道结婚后有六个月，王氏和她的先生及七十岁的公公同住，不过这个老人最后搬到一英里外的另一间房子，因为他跟她处得很不好。此外，我们知道王氏白天大部分时间都一人孤单在家；知道她缠了脚；知道她没有小孩，虽然隔邻有个叫她婶婶的小女孩；知道她的家面向一片小树林；并且知道在某个时间，因为某个原因，随着1671年的流逝，她跑掉了。[20]

她跟另外一个男人跑了，虽然我们不知道他的名字，也不知道两个人打算到哪里。我们从地图上可以看出，他们最初有三个选择：他们可以向西南走，越过边境到邳州；可以向东北走八英里路到郯城县城，然后从那里沿着驿路，或是向南到弘化府，进入江苏，或是北到沂州，然后继续到山东中部；可以向西北走八英里路到马头镇，然后从马头镇向西到长城集，再继续到滕县和邹县。[21]不管他们选哪条路，除非他们雇得起轿夫或二轮马车，否则由于王氏的小脚，他们必须慢慢地走。

如果他们想躲避追赶，邳州会是个不错的选择，因为沿途都是山路，不过乡间多年来都为土匪和亡命之徒所盘踞，这些人因为省的辖区改变而获利。人们甚至可以在夏天和秋天水位高涨，邳州当局也不可能为一对亡命情侣挂心的情形下，乘轻舟溯沂河而下，走上一段旅程。邳州像郯城一样，被饥荒、蝗虫、战争和一波波旱涝等严重的灾难所袭击。1668年的地震，也让邳州遭受损失，虽然不像郯城那么严重。不过因为邳州位于黄河主流上，水患一直是个潜在的灾害，然而郯城只有一些小支流经过，不会有这种情形。地震后一个月，强风和冲破河岸的高涨水位损坏了田地，邳州县城大部分地区都被淹没，只有一二百户人家幸免于难。而在郯城慢慢开始复原期间，邳州的人口又少掉三分之一。[22]

郯城在某些方面来讲，是个明显的目标，但是不利之处也很明显。作为县衙所在地和县行政中心，其安全性比其他任何地方都来得严密。一些在县内其他地区还只是一纸空文的规定，在这里已经执行：城外有定期的巡逻人员，邻近的道路上有固定的关卡。旅客会被拦下来询问，要他们解释进城的理由，除非他们有亲戚住在那里，否则甚至不准进城。客栈的不诚实是出了名的，许多店是由不良老板经营，他们陈列廉价的食物、饮酒，招来那些粗心的客人；但是一旦这些乡下居民登记投宿，账单就开始攀升，外来者和亲戚、随从会把一些消费记到他们账上。客人即使打算投宿到别的旅店也不可能，因为这些客栈老板雇了一些暴徒，威胁他们可能投宿之处的客栈老板。即使客栈老板很老实，只要在城内，就有义务按照规定，每天登记住店的旅客，不管是个人或团体；他们也必须注明客人来自何处，要到何地，他们可能携带准备出售的货品，他们的骡子或两轮马车，他们的武器（如果有的话）。骑马携械而没有行李货物的人，不得雇用马夫，也禁止在城里过夜。单身的行脚客，不管有没有武装，只要没有行李，又没有城里人作保，就可能被赶走。夜幕降临后，不准在城内四处闲逛，虽然在夏天最热的几个月里，没有深宅大院的居民，可以把门稍为打开，坐在台阶上享受傍晚的清凉。但是从小巷通到大街的栅门是关着的，夜晚并有人守卫，只有那些需要医生或产婆紧急协助的人可以通过——但前提是他们必须有一个标准的“夜行牌”，要经过确认，并且验明住处和身份后才能领到。[23]

对一对要找地方躲起来的情侣来说，马头镇看起来显然是个很有吸引力的选择。尽管面积大，这里却没有太多驻军，也没有高官常驻。此地在1641年和1648年，曾两度被土匪袭击，但很快就恢复繁荣——我们从一些指数可以看出。这里的市集每十天一个循环，主要的集日是逢三和逢八，次要的集日是逢五和逢十，邻近区域的市场循环都受此节制。马头镇是唯一一个经由水、路两途，进行相当规模贸易的市镇，它的贸易额已经达到课税的规模。这里有相当多的城市劳动人口，强大的商会，比其他市镇更多的庙宇、更多的花园、更热闹的宗教节庆。它是县里唯一一个有着知名医学正家族的市镇。[24]

这对情侣需要一个藏身处，因为仅仅就逃离丈夫这个举动而言，从法律的观点上来看，王氏已经成为一名罪犯。只有妻子被丈夫严重打伤或弄成残废，或被丈夫强迫和别人发生性关系时，她才可以自由离开。[25]从康熙年间由一群律法专家提出的个案里，我们看到在郯城西北的宁阳（也在兖州府）的一个例子中，一位丈夫由于自己的行动，而超越了婚姻关系的范围：先生把太太卖为妓女，被知县强迫带回后，又默许太太与寄宿之处的屋主通奸，被判为“失夫纲”。[26]但是除了丈夫的这类行为之外，所有逃走的妇女都被归为逃犯，得接受一百杖的处分。所有帮助或藏匿她的人——除非能证明对她的逃犯身份毫不知情——都可以照窝藏逃犯或逃兵之妻、女之律定罪。[27]

而且，通奸的行为使王氏和情夫两人都必须接受严厉的惩罚。《大清律》规定，经过双方同意的不法性行为，杖八十；如果女性已婚，杖九十；如果密谋在女方住家以外发生奸情，不管女方是否结婚，杖一百。曾经有过不法性行为的男女，在经过双方同意，或密谋在女方住家以外发生奸情，杖一百。如果女性在不法性行为后生子，由生父收养。丈夫可选择卖掉或留下不贞的妻子；但如果婚姻关系仍然存在，本夫把妻子卖给奸夫，则本夫和奸夫各打八十板，妇人必须离婚，返回娘家，原来付给她的聘礼没收充公。[28]

不过可能有比这更严厉的处罚，如果丈夫当场捉到奸夫淫妇，并在气头上杀了妇人、奸夫之一或二人，是法律认可的正当行为。不过亲夫杀人报仇之举，必须迅速。1646 年的规定上加了一条但书，大概是要防止家族间的仇杀或为了复仇而长期追索，这条但书说，如果奸夫淫妇只是在性交前调情，或已有奸情但亲自向本夫认罪，或“非奸所捕获”，那么杀害其中任何一人，都是不正当的。因此王氏和情夫离开任家而没有被捉到，在法律上是比较安全的。[29]

不过这并不是说路上的生活特别安全，虽然很多彩多姿。有微末之技受“阴阳学官”——其公署如同郯城其他的一些公署一样，在 1640 年代烧毁，迄今未重建——监督的人，包括一些四处游走的专家，像算命的、卜卦的、看相的、测字的、变戏法的、招魂的、演戏的、说笑话的和街头摔跤的、说书的，以及游方僧、道士、女牙医、接生婆、叫花头、笛手、鼓手、爆竹制造商、茶商和轿夫。黄六鸿自己的报告中，经常提到来自驿站的马夫、衙役、信差和胥吏、官营旅店的职员和一群群小贩，这些人贫穷且人数众多——他们用草棚搭成的摊子，一列列地排在街上——黄彻底放弃了所有抽税的打算。除了这些人外，还有难民、亡命之徒和逃兵。尽管有法律禁止，但这些人经常可以找到工作，因为农人看重他们是廉价劳工的来源，因而对之不闻不问。饭馆和客栈老板也会给他们食物和住处，只要他们付钱。赚钱过活比循规蹈矩地办事来得更重要。[30]

确实，似乎有一种实际存在的亡命之徒的次文化，这种文化有它自己的规则和剥削。由于保甲制度下有一些严禁窝藏人犯的法律和严格的连坐责任，这些次文化不可避免地会牵连到守法的民众。我们从郯城的一件案子里，可以对逃犯的世界略窥一二，在此，逃犯被雇用于在私人商业纠纷中骚扰对手。魏姓捕壮控告酒店老板石文玉，公然在郯城县衙前，以每月三百文雇用了一名逃犯在店里工作。魏试图用这项控诉将石送进牢房，可是调查显示这是由魏自己捏造的故事（虽然逃犯是真的），如此一来，他就不必偿付前一年在石文玉的店里赊欠的一百多杯酒钱。魏胁迫逃犯做出这项不实指控。[31]

在这类案子里，是否采信逃犯的证词，并不那么重要，重要的是要证明他当时不在现场，这就未必容易。在这一点上，石幸运地获证无辜，因为知县命令逃犯进行一次非正式的指认，但逃犯无法分辨石文玉和他旁边卖豆腐的小贩。其他一些案子显示，士兵也会经由一种相当微妙的诈骗游戏骚扰无辜：士兵甲假装成一名逃犯，逃到一艘停泊的船中或某个偏僻的村庄，其他士兵接着就来“逮捕”他，假装是捕快，借口当地村民窝藏人犯而加以骚扰，并在离开时抢夺他们。或者，他们会暂时在某个村庄中，以雇工的身份出现，然后在某个晚上一起饮酒时，割伤自己，撕碎自己的衣服，然后宣称遭到“抢夺”，以便从当地村民手中获得封口钱。如果村民开始怀疑，他们的朋友之一就会出面，宣称是来自逃犯所属单位的上级长官，要把他们带回。[32]有时候可能是摆渡人自己敲诈，要求乘船者支付比每人一文、每驮两文的规定费率更高的费用：雨天、雪天或深夜要额外收费；在船上放置灵柩也要额外付费；或是在船开到河中间时，向旅客强索金钱。[33]而在岸上，守关的吏卒也会收取私“税”，并没收那些拒绝付税者的货物，或调戏女性，要她们付钱脱困。

如果跑路对两人是件苦事，对不久后遭爱人抛弃而单独留在路上的王氏来说，就一定是场噩梦了。虽然一般人都认为女性值得尊敬，但郯城社会并未给她们提供太多的工作：少数人变成接生婆或卜筮者；有一些在地方上夙有声名而为人信任的妇女则充当媒婆，并为当地监狱的女囚作保，承担各项责任。在孤儿院及赤贫、老人之家也有一些工作机会，女性受雇做看护、幼童的玩伴、守卫及清洁工、洗衣妇。做这一类工作，她们可以得到食住和一个月三百文的津贴，不然就是一律一年六两银子的工资——约等于当地衙门较低职位男性的工资。有财力买织布机的女性可以织布来卖，不过这项工作一般都在自己家里进行，而王氏现在没有家。如果适逢其时其地，她们可以在大户人家谋得一份女仆的工作。她们也有一点机会，在道观或佛寺打工。除此之外，主要的工作机会一定是在郯城县城、马头镇和红花埠驿站的赌场、茶馆和妓院。甚至，根据黄六鸿的说法，在偏远的乡下村庄也有同样的场所，这些地方士绅就跟在城市中心一样，设立妓院，给予女性保护，然后抽成作为回报。[34]

王氏没有选择上述任何一项，也没有继续单独逃亡。她选择返回归昌的老家，但是她近乡情怯，害怕得不敢面对丈夫任某。

在王氏住的村庄附近，有一座道教庙宇三官庙，祭拜天、水、地三种力量，它们能带来快乐（天）、免除罪恶（水）及趋避邪恶（地）。[35]庙里唯一的居民是一位道士，他给了王氏一个栖身之所。1671 年 11 月的某一天，以前的一个邻居高某来此上香时，在庙的厢房中瞥见王氏。

“你这里是神庙，”他对道士吼道，“如何容留妇人？”

“这是村里任某娘子，”道士回答道，“闻得跟人走了，任某寻了回来，她不敢回去，躲在这里。我因她是村里人，不好赶她。”

他们正谈论她时，任某得知王氏已经回来，现在躲在庙里，便亲自来此。“奸道人，”他生气地吼道，“把我妻子藏在庙里，都不与我知道。”

“你自家妻子，”高反驳道，“为何到庙里？你不知道，还要道人说与你么？”

任某更生气地吼道：“这等必定是你藏在庙里了。”受此侮辱，高赏了他两耳光。任咒骂着离开，留下老婆在庙里。[36] 两人间突然爆发冲突，可能是因为某些积怨——他们是邻居，高比较有钱，房子前有一处骑楼，娶妻曹氏，任似乎也不喜欢她。但是不管这个侮辱有多严重，高都不应该打任，律典中对这点规定很严格，并且对这一类的斗殴，做了细致的分类。这种对细节的关注，显示斗殴很明显地被视为主要的问题。任何人拳脚伤人，如果未造成伤害，打二十板，如果造成伤害，打三十板。任何人用任何物体打人，如果未造成伤害，打三十板；如果造成伤害，打四十板——伤害的定义分为被打的地方瘀青、肿胀或流血。拔人头发方寸以上，打五十板。打得人内出血，打八十板。用秽物污人头面，也打八十板。以秽物灌入人口鼻内，或折人一齿及手足一指，或眇人一目，打一百板（如果引起永久伤害，没收加害者一半的财产，付给受害者养赡）。[37]

任现在对高有真正的怨恨，一个会痛上几个月的怨恨，但他没有对高采取任何指控——大概是怕事情再传出去就太丢脸了。然而这个意外事件使得高和道士两人都非常困窘，他们认为还是让王氏离开庙里比较好，虽然二人犹豫是否该立刻把她送回丈夫身边。他们改把王氏带到她公公处，并向他解释事情的原委。任父给二人倒了茶："这样淫妇，我也没奈何。"他说道，然后叫人把王氏带回儿子的住处。

道士说任一直四处寻找王氏，但不管任多想把太太找回来——不管是因为他想她，或是打算对她报复——事实上他并没有权利留下她，因为她犯下了逃亡和通奸罪。关于这点的法律很复杂。法律确实清楚地陈述，丈夫可以用"七出"之条的任一种休掉妻子：无子、淫佚、不事舅姑、口舌、盗窃、妒忌以及恶疾（双方同意的离婚也为法律所允许）。如果妻子不想离婚，又符合"三不去"之理中的任一项——妻子曾为公婆守丧三年；娶时丈夫贫贱，后变富贵；妻子无家可归——丈夫不得离婚。因为王氏无家可归，乍看之下，法条似乎显示：尽管她不贞，却应该留在任家。但是明朝附加的一项条例，特别规定如果女子犯奸，三不去之理就不适用。律典中另一项条款也规定：如果先生在太太犯下义绝之行后，而不将她休离，打八十板。[38] 从法律上讲，任某也可能因为把太太接回来而受罚。不过事实上，县府中没有人采取任何行动，任也没有依循任何对他开放的法律途径。他没有提出离婚诉讼，没有安排卖掉王氏，没有依据权限向当地村长报告她的劣行，让她的耻辱在众人中腾传。相反地，他买了一张新的虎丘席，铺在他们的草床上。

从 1671 年尾几个月到 1672 年 1 月，在归昌集外的家，两人又生活在一起。他们一定很冷，因为山东 1 月的平均温度是零下几度，而穷人家的房子又不牢靠：墙壁是夯土、泥砖或高粱秆；少数几根木柱是由畸形树枝做成，通常是细薄而弯曲；屋顶用薄薄的一层草和芦苇盖住，既不能真正防风，也不能防雨。如果有燃料的话，主要是用来煮饭，而炉火产生的热则通过一排管子，传到高于地面的砖炕下，炕上覆盖着一层稻草。在任的家里，他就在此铺上为王氏归来而买的新草席。[39]

1672 年 1 月底的一个傍晚，两人坐在家里。任吩咐王氏帮他补衣服，她就在灯旁缝补那件外衣。外面下着雪，邻居可以看见从任家发出的灯光。[40] 稍晚，他们听到两个人吵架，虽然听不清楚在吵什么，但可以听到声音中的怒意。灯灭后，他们依然在听。[41]

王氏脱掉外套、裤子和笨重的鞋子。她在小脚上穿上了一双磨损的软底红布睡鞋。她的夹衫是蓝的，还有一件白单裤。[42] 她把这些衣服放在草席上，她入睡时，任在一旁等待。

在世上，现在是冬天，但这里很温暖。冬天，绿色的湖水上，莲花盛开，花香飘向风中的她，有人试着去采，但当船接近时，莲花就漂走了。[43] 她看到冬天的山上开满了花，[44] 房间亮得耀眼，一条白色的石头路通向大门，红色的花瓣散落在白石上，一枝开花的树枝伸入窗户。[45]

树枝伸向桌子上，叶子稀疏零落，花苞却绵密地挤在一起。花还没有开，像蝴蝶的翅膀，一只淋湿蝴蝶的翅膀，沾满了水气而垂下来，支撑花苞的根茎细如发丝。[46]

她可以看到自己是多么的漂亮，脸上的皱纹消失了，手像女孩一样的滑润，不因劳作而粗糙。[47]眉毛黑黑的，像轮新月。牙齿洁白，整齐无瑕。她试着微笑，皓齿刚好露出，她检视着唇角和眼角。[48]

睡觉的地方，铺着像棕榈叶一样厚的毛皮，又长又软，棉被塞满了碎碎的棉花和香粉，室内充满了香味。[49]男的很英俊，但看起来病恹恹的，脸上都是泪水。她抚摩他的太阳穴，掸掉他衣服上的灰尘，擦掉他眼睛里的泪水。她可以感觉到他身上受鞭打的鞭痕，而用手指轻轻地按摩着。

她解开他外袍的带子，把手伸进去。她用双手轻轻地按摩，但他痛得不能动弹。[50]他胸部长了一个瘤，跟碗一样大，像从树根长出的节瘤一样，她从手腕上取下一个金手镯，压在瘤上，肉从手镯外环隆起，但是瘤的中央部分从手镯中间凸出来，她从袍子里拿出一把利刀，沿着手镯边轻轻地切着。污血喷到床上和垫子上，她从口里取出一颗红色药丸，塞入伤口中，在塞入的同时，伤口慢慢愈合。[51]

她累了，肢体感到娇弱沉重，双腿好像没有力量的屈张。[52]但是美丽的女性仰慕她，她们聚集在她身边，额头上绑着红丝带，紫色的袍子上系着绿带。背上背着弓和箭筒，她们一直在外面打猎。[53]

她经过一扇扇门，一路来到院子里。[54]树高得可以碰到房子的红色屋檐，院子里到处都是花。树的种子在微风中飘落，松弛的绳索吊着一个秋千。她们帮她爬上去，她直直地站在上面，伸出双手抓住绳子。她穿着一件短袖衣服，双臂闪亮，秋千的绳索从云端垂下，她的黑发蜷曲在脖子上，她用明亮的双臂向上伸展，像燕子般轻轻荡入云端。[55]

天空中，点缀着祥云，一艘多彩的船只向她漂近，人们都爬到船上。只有一位桨手，拿着一根短木桨，桨的末端没有宽扁的桨身，而是绕着厚实的羽毛，像一把巨大的扇子。[56]桨手挥动羽毛时，一阵微风吹起，羽毛更快地移动，穿过云层。[57]除了微风，没有别的声音。四周都是云层，像棉花般扑向她，软软地浮在脚下，她有一点头晕，好像依然在船上行进。她向上望去，看见群星逼近眼际。星星大小不一，大的像瓶子，小的像杯子，像荷花的种子一样，整齐地排列。下面是一片浩瀚的银海，从云层的夹缝中，她看到大小如豆子般的城市。[58]

在她前面是一排阶梯，阶梯像水晶一样闪亮着，她的影像映照在每一级阶梯上，像在镜子里一样。[59]清澈的水流过白沙。有几座有红色窗户的小亭子，佳人在里面走动，还有一些穿着刺绣外套和红鞋的年轻男性。众人正吃着从玉碗取出的水果，并用宽一英尺的高脚杯饮酒。[60]牡丹有十英尺高，山茶又高一倍。[61]一位白指头的女孩弹着一种她从未见过的乐器，[62]另一位用象牙拨子拨着琵琶，咏唱着哭泣的女性。[63]随着乐声响起，一阵轻风吹过，鸟儿拥进院子，静静地停在树上。[64]

她坐在一棵高树的树根处。树干宽阔光滑，一条黄色树液流过树的中央，树叶浓密地长在纤弱的树枝上，投下深深的树荫。红花在树叶间摇曳，花落时发出宝石般的丁当声。一只鸟正在树上唱歌，羽毛是金色和绿色。它是一只奇特的鸟，尾巴跟身体一样长，它唱了一首悲凄的歌，让她想起了家。[65]

她穿着芳香的高鞋，快步在清晨的露水中离开，她的鞋袜因水气而显得光滑。[66]树长得很浓密，但是她可以从树丛中看见高塔，墙壁是铜做的，高大的铁柱支撑着闪烁的屋顶。墙上没有门，也没有窗，但是有一些深的凹洞，紧密地排在一起，她把脚放进洞里爬上去。在里面，她感到恬静而安全。[67]

他跪在她旁边，不断发抖，并用双手抱住自己的身体。[68]"吃掉这个。"她说，然后用赤裸的双脚把佳肴踏入土中。"在这里。"她说,他则用双手捧出夜壶供她使用。[69]"把这些弄干净。"她说，然后把沾满泥块的小绣花鞋拿给他。[70]

她把一顶女人的帽子戴在他头上，[71]用她的化妆品替他化妆，把他的脸化成武士一样。有一个轻盈的棉制蹴鞠，她把它踢上天，他在后面追赶，追得满头大汗。[72]球是透明的，塞满了一种发光的物质，他把它踢上去，球成发光的弧形穿过天空，像彗星一样在天空呼啸而过，落入水中，它的光在水中咕噜一声熄灭。[73]然后她发现根本没有什么塔，没有圆形墙壁支撑着闪亮的屋顶，没有森林。[74]只有一个放在地上的廉价戒指，上面插着几根针，针上撑着化妆盒的盖子，全都丢弃在荆棘间。

他衣衫褴褛地站在她面前，流着鼻涕对她微笑。"俏佳人爱我吗？"他问道。他打她。群众挤近观看。他滚了一团鼻屎拿给她。"吃掉。"他说。她把鼻屎放进嘴里，试着吞下去，他大笑道："俏佳人是爱我的。"他叫道。[75]她想要回话，但满嘴

> 塞满泥巴。[76]她被钉住了，被缠在身上的蛇钉得动弹不得，[77]她奋力挣扎，身体在水中踢打，她可以闻到水里的臭味，群众挤在河岸边，他们边看边笑，他们必须救她，她必须叫出来，他们不会帮她的。[78]

当任的双手紧紧掐着王氏的脖子时，她从床上弹了起来，但挣不掉任的手。他的双手紧紧掐在她喉咙上，并且用力跪在她肚子上，压住不让她动。她的双腿奋力踢打，把睡垫都踢成稀烂，她的内脏也裂开了，她的双脚把垫子下面的稻草也蹬裂了，但他一直不松手。王氏死时，邻居们没有一个听到一点异声。[79]

郯城依然下着雪。任抱起老婆的尸体，用她的蓝色夹衫包着她的肩膀。他打开门，抱着她穿过森林，朝邻居高家走去。他是这样计划的：她死后，他会把她的尸体带到高某住处，留在门前；他会说她一直和高某有奸情，而高杀了她。这番说词听起来蛮合理的：她已经跑过一次，而高是一个暴躁易怒的人。两个人可以乘任某外出工作时，每天在一起调情。

但是任永远没有带着王氏走到高家。当他穿过黑暗的树林时，一只狗叫了起来。躲在门楼下的更夫鸣锣示警，亮起一阵光。任把尸体丢在雪中等候。没人前来查看。光灭了，一切又恢复寂静。他把王氏留在原地，回到空荡荡的家，锁上门，上床睡去。[80]

王氏的尸体整夜都躺在雪堆里，当她被人发现时，看起来就像活人一样：因为酷寒，在她死去的脸颊上保留着一份鲜活的颜色。[81]

注释

1 女性传记：明及清初的相关传记印在冯，卷 7 页 19—30b。

2 高氏的例子：冯，卷 7 页 19b—20。用城隍庙作为仪式性宣告和自杀的惊人案例，见于蒲松龄的故事《李司监》，蒲，页 426（狄瓜拉，页 337；删节版，见翟理斯的英译本，页 212—213）。根据蒲的细述，李司监是永年县的举人，1665 年，因为谋害妻子被捕。在往衙门受审途中，他挣脱守卫。从路边肉摊夺了一把屠刀，逃到城隍庙，跪在神像前大喊："神明责怪我听信奸人之言，在乡党间颠倒是非。他命我割掉一只耳朵。"于是他割掉左耳，丢到地上，又叫道："神明责怪我骗取他人钱财，命我切断一根手指。"于是他切断左手的一根手指。他再叫道："神明责怪我奸淫妇女，要我自行去势。"李照着敞了，而这个伤口夺去他的生命。

3 贫穷妇女的自杀：这些例子都刊在《沂州志》中：卷 6 页 37 是住在郯城正北的刘氏；根据卷 6 页 41，这位商人的妻子刚好住在郯城辖区内。他是一个怀有身孕而自杀的罕见例子。

4 另一位刘氏：冯，卷 7 页 20b。

5 十三岁的女孩：《重修郯城县志》（1763），卷 10 页 9，《列女传》后附加的传记"王氏"条。在蒲，页 78，一个住在未婚夫家中的孤女，在九岁时被未来的丈夫强暴；在蒲，页 1283—1286，另外一个故事《乔女》中，蒲呈现了女子忠于未婚夫的动人例子。

6 悠久的记忆：王氏的公公会在下文再度出现；社长郁纯，《重修郯城县志》（1763），卷 9 页 9b；范寡妇，冯，卷 7 页 29b。

7 谢氏与田氏：冯，卷 7 页 22b—23。（我将中国人的岁数一律改为西方人的算法。）

8 何氏：冯，卷 7 页 26b。

9 陈氏：冯，卷 7 页 22b；陈氏的丈夫就是在 1651 年遇害的那位杜之栋。1763 年版的《郯城县志》中，陈氏的故事由于删除了一些生动的细节，并增加了一段说教意味的对话，而显得薄弱。

10 其他的生还者：徐，冯，卷 7 页 29；杨，卷 7 页 23b；高，卷 7 页 28b。

11 张妻：蒲，页 1527—1528，《张氏妇》。这篇故事是乾隆版的蒲氏集中删除的作品之一（故事的后半部从此处删除）。

12 宗生：蒲，页 682，《荷花三娘子》；狄瓜拉，页 860。

13 妇女的价码：十五两，蒲，页 601，页 1387（同书，页 1022—1023，十个晚上三十两）；一千两，同书，页 709；二百两，同书，页 791；一百两，同书，页 883；十两，同书，页 423；三两，同书，页 431。并参见韩书瑞（Susan Naquin），《千年末世之乱》，页 282，此处提到一位妇女定价十两，另一个十一岁男孩定价一两。

14 蒲论情色：离婚，页 1110、1156；报复，页 368、374、1404；同性恋的文人，页

317、1530、1573；丑女，页 642、1107、1283；夜叉，页 353；强壮的妇女，页 1243；私生子，页 311；处女生活，页 929（关于麻姑生于郯城，见杜黑 [Doré]，《探索》，XII，页 1118）；机智与性，页 1268。

15 颜氏：蒲，页 766—769。

16 窦氏：蒲，页 712—714。这个故事有一个长而复杂的结尾，描述对无情的勾引者的天谴。

17 云翠仙：蒲，页 748—754；狄瓜拉，页 1097—1104。

18 较少的女性：《续修郯城县志》（1810），页 34—38，提供了按男 / 女、大 / 小分类的人口数；黄在书中页 364d 讨论了杀婴；杨，《中国的村庄》，页 10，讨论了低报人口；冯，卷 7，关于《贞烈传》中富人的多妻。

19 进入任家：《重修郯城县志》（1763），描述了另一位王氏。

20 王与任：他们生活的这些细节，可以从黄书中的报告得知：页 167c，任对自己工作的证词；页 169a，关于王氏小脚的验尸报告；页 168a，道士关于逃亡故事的证词。王氏逃亡的日期，由她死亡的日期倒推，当在康熙十年十二月下旬。

21 逃亡路线：冯，卷 2 页 8。

22 邳川：从郯城来的水路路线，见冯，卷 2 页 8。邳川的天灾，见《邳州志》，卷 3 页 2、卷 4 页 17、卷 5 页 1、卷 6 页 6b。该州的州治在 1689 年迁到更靠近郯城边界的新址。

23 郯城县城：巡逻人员和询问旅客，黄，页 359a、b；客栈中的诈欺行为，页 127b，特别是关于那些进城处理讼事的人（黄说这些店主也和衙役勾结，后者会拖延官司来谋利）；住宿客栈的登记，页 247b、c；夜间的规定，页 262d—263b。黄提到在 1670—1672 年间，他如何严格地在郯城执行这些保甲的法令，见页 215c。

24 马头镇：遭到袭击，冯，卷 9 页 9b，卷 7 页 27（姚氏），以及《重修郯城县志》（1763），卷 5 页 18b；驻军稍后驻扎在当地，根据《重修郯城县志》（1763），卷 4 页 16b，共有十八名骑兵与六十名步兵。之前，在明朝，当地有一位无足轻重的课司（税官），卷 7 页 20b；市集，卷 4 页 9b；庙宇、节庆、花园，卷 4 页 6—12；医学正，卷 9 页 18。一般的商业生活，在黄，页 73c—74c，有所描述。

25 妻子可以自由离去：鲍来思，《便览》页 300，《观察》。

26 宁阳的案例：沈之奇，《大清律》，卷 19 页 9b—10。

27 逃走的妇女：《读例存疑》，页 312（116.00.5 条）；斯当东，《刑法》，页 121（116 节）。其他窝藏逃犯者，见斯当东，《刑法》，页 228 及 236（217 和 223 节）。

28 通奸的法律：《读例存疑》，页 1079（366.00 条）；斯当东，《刑法》，页 404—405（366 节）；鲍来思，《便览》，页 680—681（1580—1584 节）。斯当东给的杖责次数，和这里的其他资料不一致。

29 亲夫报仇：《读例存疑》，页 783（285.00 条）；斯当东，《刑法》，页 307（285 节）；鲍来思，《便览》，页 546—547（1232—1235 节）。

30 路上生活：阴阳学官，冯，卷 2 页 3b。布鲁纳特与哈盖尔斯特洛姆在页 430（850

号），列出一些不同的职业。关于小贩，黄，页 l01d；亡命之徒的工作，页 2l4b；逃犯的普及，页 72d。藤田敬一，《清初山东》，页 133，对山东这段时期很高的逃犯人数，也有所讨论。

31　魏姓捕壮：黄，页 215c—216b。

32　诈骗游戏：黄，页 218d—219a。

33　摆渡人：黄，页 359d—360a，采录自《未信编》。

34　女性的工作：黄，页 15lb、209a，媒婆及保人：关于孤儿院及老人之家，页 313c、363c、d（黄提到一些孤儿院有多达九十位的保姆，但郯城不太可能有这种规模的机构）；关于赌博和士绅设立的妓院，页 269d、270b。让黄烦心的，不仅是妓院道德上的耻辱，以及人来人往的赃物交换中心的事实；他还认为，特别是驿站的骑兵，在妓院寻欢过后，筋疲力尽地睡到日上三竿，甚至骑马离开时，还是茫然若失、心不在焉，页 344d—345a。

35　三种力量："三官"的教义摘要，见倭纳（Werner），《中国神话》，页 400—403，及王斯福（Stephan Feuchtwang），《台湾家庭和社区的崇拜》，页 112—113，收于吴尔夫编的《宗教与仪式》，页 105—129。这间庙似乎是一座乡间小庙，而不是冯在卷 4 页 7 所列的三座庙中的一座。

36　在庙里：所有这些对话，都由高记录在他的证词中，黄，页 168a、b。

37　杖责：《读例存疑》，页 889（302.00 条）；斯当东，《刑法》，页 324—327（302 节）。

38　离婚的法条：《读例存疑》，页 312（116 条）；鲍来思，《便览》，页 300—303（633—645 节）；斯当东，《刑法》，页 120—122（第 116 节）。

39　王氏的最后两个月：黄猜测，任计划一找回妻子，就将她杀害，页 168d。在黄对案情的描述中，这床新的草席不时被提起。黄，页 294a—c，描述了下至村落这个层级的奸坏行为的记录。

40　寒冷：黄的叙述显示当时正在下雪。平均温度分见：贝尔，页 45、46、53，以及巴克，《统计表》，表五，页 7。杨，《中国的村庄》，页 38—40，仔细描述了山东穷人家的房子。

41　吵架：黄，页 168d。

42　她的衣服：黄，页 169a。

43　冬天的湖：蒲，页 580。

44　冬天的山：蒲，页 126l。

45　房间：蒲，页 150。

46　沱：蒲，页 439—440。

47　脸和手：蒲，页 294、282。

48　她的微笑：蒲，页 1182、1433。

49　睡觉的地方：蒲，页 1280—128l。

50　按摩：蒲，页 637、1001、774、908。

51　瘤：蒲，页 60—6l。

52 累了：蒲，页 1268。
53 她的随从：蒲，页 647。
54 门：蒲，页 394。
55 院子与秋千：蒲，页 647—648。
56 船：蒲，页 706。
57 微风：蒲，页 1261。
58 云层与星星：蒲，页 416。
59 阶梯：蒲，页 342。
60 水果和酒：蒲，页 300。
61 牡丹与山茶：蒲，页 1548。
62 不知名的乐器：蒲，页 947。
63 咏唱着女性：蒲，页 59。
64 轻风和鸟：蒲，页 985。
65 树与鸟：蒲，页 460。
66 鞋子与露水：蒲，页 535、538。
67 高塔：蒲，页 1525—1526。
68 他不断发抖：蒲，页 855。
69 食物与夜壶：蒲，页 861—862。
70 绣花鞋：蒲，页 1588。
71 女人的帽子：蒲，页 724。
72 化妆品与棉制足球：蒲，页 1001。
73 透明的球：蒲，页 37l。
74 高塔消失了：蒲，页 1526。
75 鼻涕与佳人：蒲，页 122。
76 满嘴塞满泥巴：蒲，页 1535。
77 蛇：蒲，页 172、579。
78 水、群众：蒲，页 585。
79 死亡：黄六鸿的验尸报告，见黄，页 169d。
80 任的故事：黄，页 167c、d。
81 尸体：黄，页 169a。

结　语

审　判

Epilogue: The Trial

审判进行了四天。

第一天一大早，任和他父亲徒步走到位在郯城县城的知县衙门，对邻居高某提出正式控告，说他和王氏有奸情，随后并杀了她。这一类的指控必须以书面的形式，正确地誊写下来，只要付钱，合格的代书会帮不识字的人做这件事。为了防止在任何审判最初阶段的受贿或曲解，代书都必须领有执照，并且应该提出他们自己的保证人。任的正式控词如下："昨日晚，我叫妻王氏与我缝小衣，吹灯睡了。只听得门响，起来出去看时，只见我妻子前走，高某持刀在后。高某妻子曹氏站在她家门首，点着灯等他。我怕他杀，不敢赶去。回来关门睡了。"[1]

这份诉状由衙门里的书吏检查是否有误，然后同一批书吏再检查任是不是本人提出诉讼，而不是找人代替。接着，这份诉状经过登记、密封，送到知县的内衙门让知县本人过目。黄六鸿读了控词后，派了几个捕快，将高某和其妻逮捕（如果控诉没有那么严重，他会发出一份临时差票，然后打发任带着差票亲自逮捕高，命令他出庭）。高某和妻子被戒护押解到郯城，关在知县衙署东南角，几幢建筑构成的监狱里。[2]

只要高被留置在监狱里一段时间，任应该就会认为两个月前，高在庙里打他的侮辱得到了足够的报偿，完全不须要审判和处罚他们。监狱的世界是黑暗的，没有资财买通狱卒的穷人常会丧命，对有钱人来说，也是极端的耗费。黄六鸿遗憾地写下他所知道的那些持续存在的陋习：狱卒打犯人、把他们铐得太紧、强迫他们整晚罚站，甚至用水浸泡他们的铺盖或淹他们的囚房来折磨他们，目的是强迫他们付出保护费；犯人会打他们的同囚来报复，或偷他们的食物、强迫比较有钱的犯人让家人送食物进来给大家食用；官员会杀害囚犯，以保有他们偷来的物品，或害怕要犯可能会越狱而把他干掉。黄只能提供下列意见：警觉和公正，定期的健康检查和运动，小心地将女囚犯和男囚犯分隔，以及仿效狱外世界的保甲制度，发展出相互看守的安全制度——在这个制度里，囚犯五人分成一组，在五天一轮的循环里，分别由一个人为其他四人负责。[3]但是在高氏夫妻被捕的那天晚上，黄六鸿碰巧跟一位行将离开到别处接掌下级职位的谢姓旧识晚餐。席间闲聊中，谢提到归昌的百姓对这件案子议论纷纷，他们对高某在和王氏发生奸情后再把她杀害的做法，既愤怒又困惑。听了谢的评论后，黄觉得最好立刻仔细调查案情。

第二天中午，审讯开始。原告任姓父子跪在大厅东侧，高某夫妻是被告，跪在西侧。门都锁上，一位书吏准备记录口供。任重复他的故事——他已经睡着，后来听到门响，看见王氏离开家，高某跟在后面，手里拿着一把刀。通过树林，他可以看见高妻曹氏正等着两人；她倚在门口，提着一盏灯笼。任由于害怕跟在他们后面会被杀害，所以回到床上。黎明时起身，发现太太躺在树林里，已经死掉。他立刻跑去向父亲示警，告诉他刚才看到的事，然后跟父亲一起提出正式告诉。

知县问王氏是被打死还是杀死的。

“那时天尚未大明，不曾看见是怎么死的。”任回答道。

其他被问到这件凶杀案的村民，都辩称不知情。

高被质问在这个案子中的角色。虽然知县作色怒叱他，并命衙役手持经常用来夹犯人脚踝以逼供的大夹棍伺候，高依然坚持他的说词。他承认两个月前在庙里看见王氏，并在和任争论后打了他耳光，但否认和王氏有任何奸情，也不承认杀了她。事实上，他说虽然他确实住在任家附近，但双方从无往来。

高的妻子曹氏印证丈夫的说词，并进一步补充一些细节，为高某提供了极具说服力的不在场证明：那天深夜，她正在厨房蒸过年用的年糕，听到门外锣响。她走出去，看看发生什么事，发现村里的更夫在她家门楼下避寒。他们生了一把火，正在抽烟。她回到屋里，闩上门。她丈夫在这段时间内，一直沉稳地睡着。

黄六鸿对他俩老实交待，留下良好的印象，并发现任的说词益加奇怪。他命人当晚把任姓父子收监，并将高某夫妻押保释放。审讯结束后，黄派出几个差役，带着一张紧急的签朱标，去查出事发当晚在王氏村里巡更的是哪些人，并命令他们第二天早上报到备询。[4]

第三天，黄在几个随从陪同下，骑马到靠近归昌集的村庄，要求看看任家的房子。他注意到房子极为简陋，只有几件家当，草床上几近全新的席垫上有着裂缝，以及床边一堆干粪饼。随从回答他的疑问说，本地的穷人烧牛粪和驴粪做燃料。黄依然不解，令人烧水，并把粪放进地上的坑洞中。滚水倒在粪上时，看守的人可以从味道判别来源是人而非动物。黄也询问了王氏的邻居，包括一个十岁的女孩，她曾听到任姓夫妻吵架。他们没有人对这场谋杀案提供任何情报。

虽然有人撒了一点松散的土在王氏尸体上，但当时她依然躺在雪中的树林里。黄令人抬起尸体，他注意到她衣服上的一些细节和小脚上褪色的红棉睡鞋。由于男性不适合触摸她的尸体，他命令从村里带来的一位老妇去检视王氏尸体上的伤口。经过短暂的检查，她回报说身上没有伤口。黄吩咐她做更仔细的检查，并说服她翻动肢体，由于严寒的天气，王的肢体已僵硬地冻结在当地。这次第二回的搜寻，发现了脖子两边的大块瘀伤，而且当老妪剥下尸体身上的衣服后，小腹上也露出一大块瘀伤。[5]

同时，村里的更夫被召集到高家，他们承认因为天冷没有巡逻，而点了一把火躲在高家门楼下取暖。大约午夜时，他们似乎看到一个人在林子里四处走动，并听到狗吠，为了怕是歹人，他们敲锣把他吓跑。高的妻子听到锣声，出来问他们发生什么事，他们解释给她听，她就回到屋里。他们对王氏之死一无所知，也没有看到别人。黎明五更时，他们各自散开回家——显然没有一个人注意到躺在雪中的尸体。

返回郯城后，黄决定用一种以前用过有效的方法，借用人们对城隍的畏惧，迫使受惊吓的目击者说出真相。他吩咐一名家僮躲在城隍庙后面的小房间里，记下任姓父子当晚可能说的每一句话。男僮藏好后，任和父亲被皂役从牢里押到城隍庙大殿，分别铐在两根柱子上。黄在两人的注视下，在城隍前举香祝祷："昨夜告我任姓妻子致死情由，已悉之矣。但其死时情景，鸿尚未尽明，愿神详以示我。"祈祷完后，黄命二人在神前忏悔、反省，然后留下两人单独在那里过夜。[6]

第四天，黄令两人回到牢里，然后询问家僮他们的谈话。家僮说虽然任父不断问儿子王氏是怎么死的，任从未明确回答，也没有再谈到高，他只是一再地说自己该死。

黄现在确信高某、曹氏和任父都是无辜的，他把任传唤到庭上。由于任依然不认罪，黄提出自己对案情的重建：争吵、勒死、肚子上的膝盖印、带到雪中的尸体，以及在更夫的火光中突然瞥见曹氏，而产生将她一起构陷入罪的想法。任叩头招供，由书吏记下供词，供词中他承认黄的重建正确无误。

根据大清律法，任和他父亲两人因为以死罪诬人，理当处死。但是黄发现有很大的转圜空间。第一，任父对这起罪行一无所知；第二，他已年过七十，而任是他的独子；第三，任本身没有后嗣，如果他被处决，任家的香火必定断绝；第四，王氏不遵守妇道——她背叛了丈夫，死有应得；第五，任确实在庙里被高激怒，他不该打他。

因此，任父被判无罪，任被判用重杖责打，并在脖子戴一段时间的枷锁。黄很清楚，这种杖责可能致死，因为他至少有两次令人在公堂上杖责囚犯：一人在挨了三十下后一个月死掉，另一个在十天后死掉。此外，戴枷锁是极大的耻辱，黄用此对付那些应该受到公然羞辱的人。但如果任某挺过杖责，忍辱偷生，他就可以自由地遵循孝道，照顾年老的父亲。进一步推想，由于谈到家族香火的延续和任身为独子，似乎表示如果任能找到对象，他会再娶。[7]

虽然王氏死了，她仍然带来一个难题，或许比她生前带来的难题更麻烦。她活着的时候，除了用言行伤害公公和先生，或和她私奔的男人外，大概没有力量去伤害任何人。但她死后，如果心存报复，却是充满了力量和危险：身为饿鬼，她可以在村里游荡好几代，无法安抚，也无法驱除。从田氏依然活着一事，就足以显示类似的议论在郯城是如何被严肃看待：三十年前身为一名年轻的寡妇，她威胁如果不能如愿独自过活，她就自杀，变成鬼来纠缠徐家，结果她如愿以偿。黄的决定是，应该用副好棺材把王氏埋在她家附近，如果这样做，他认为就可以“以慰幽魂”。为了这个目的，他拨出十两银子，这是一笔不小的数目，因为在一些类似的情况中，他只不过拨出三两银子来安抚死者。但是黄不希望由自己出这笔钱，任家虽有心，却无力用这种方式来安葬王氏。所以，黄吩咐邻居高某支付墓地和丧礼费用：这样既安葬了王氏，又教训了他不要在脾气失控时掴人耳光。[8]

注释

1 第一天：黄，页 167c、d。黄用口语的形式，描述经过，以加强他所谓的“传奇式”叙事风格的效果，但我推测他是摘述原来的证词。

2 诉讼程序：代书与诉状，黄，页 49、120a；密封诉状，页 119—121；临时差票，页 123c—124a；郯城监狱，冯的地图及卷 2 页 4。

3 监狱：陋习，黄，页 151a—152c（布德 [Bodde]，《监狱生活》，取材自方苞在 1712 至 1713 年的经验，他对类似情形有令人印象深刻的描述，可确认此处的记载）；改善，页 152d—153a、154；组织，页 153。

4 第二天：黄，页 167c—168c；审判程序，页 128b—129c；审问的过程，页 130。

5 第三天：黄，页 168c—169c；验尸过程，页 164、173—175。

6 城隍：黄经常用它来威吓地方负责收税的里胥、户长，黄，页 109a、b。蒲松龄在《胭脂》这个故事中，也曾安排一位知县用城隍庙做类似的用途，见蒲，页 1373。

7 第四天：黄，页 169c—170d；死于杖责，页 40c、53c；动用枷锁，页 13lc。

8 饿鬼：田氏，冯，卷 7 页 24b；艾亨（Ahern），《死者崇祀》，页 24l—244；乔丹（Jordan），《神、鬼与祖先》，页 33—36；黄论她的幽魂，页 170a；用三两银子安抚死者的家庭，页 53，在这个个案中，死者的家庭也免掉一丁的税收。

附　录

1.1

俄而几案摆簸，酒杯倾覆；屋梁椽柱，错折有声。相顾失色。久之，方知地震，各疾趋出。见楼阁房舍，仆而复起；墙倾屋塌之声，与儿啼女号，喧如鼎沸。人眩晕不能立，坐地上，随地转侧。河水倾泼丈余，鸡鸣犬吠满城中。逾一时许，始稍定。视街上，则男女裸聚，竟相告语，并忘其未衣也。

1.2

崇祯十三年，岁大凶，人相食。刘时在淄，为主捕隶。适见男女哭甚哀，问之。答云："夫妇聚才年余，今岁荒，不能两全，故悲耳。"少时，油肆前复见之，似有所争。近诘之。肆主马姓者便云："伊夫妇饿将死，日向我讨麻酱以为活。今又欲卖妇于我。我家中已买十余口矣。此何要紧？贱则售之，否则已耳。如此可笑，生来缠人！"

男人因言：“今粟贵如珠，自度非得三百数，不足供逃亡之费。本欲两生，若卖妻而不免于死，何取焉？非敢言直，但求作阴阴骘行之耳。”刘怜之，便问马出几何。马言：“今日妇口，止直百许耳。”刘请勿短其数，且愿助以半价之资。马执不可。刘少负气，便谓男子：“彼鄙琐不足道，我请如数相赠。若能逃荒，又全夫妇，不更佳耶？”遂发囊与之。夫妻泣拜而去。

1.3

顺治间，滕、峄之区，十人而七盗，官不敢捕。后受抚，邑宰别之为“盗户”。凡值与良民争，则曲意左袒之，盖恐其复叛也。后讼者辄冒称盗户，而怨家则力攻其伪；每两造具陈，曲直且置不辨，而先以盗之真伪，反复相苦，烦有司稽籍焉。适官署多狐，宰有女为所惑，聘术士来，符捉入瓶，将炽以火。狐在瓶内大呼曰：“我盗户也！”闻者无不匿笑。

1.4

村中来一女子，年二十有四五。携一药囊，售其医。有问病者，女不能自为方，俟暮夜问诸神。晚洁斗室，闭置其中。众绕门窗，倾耳寂听；但窃窃语，莫敢欬。内外动息俱冥。至夜许，忽闻帘声。女在内曰：“九姑来耶？”一女子答云：“来矣。”又曰：“腊梅从九姑来耶？”似一婢答云：“来矣。”……参酌移时，即闻九姑唤笔砚。无何，折纸戢戢然，拔笔掷帽丁丁然，磨墨隆隆然；既而投笔触几，震震作响，便闻撮药包裹苏苏然。顷之，女子推帘，呼病者授药并方。

1.5

梁，四十以来女子也，致绥绥有狐意。入其舍，复室中挂红幕。探幕以窥，壁间悬观音像；又两三轴，跨马操矛，驺从纷沓。北壁下有案；案头小座，高不盈尺，贴小锦褥，云仙人至，则居此。众焚香列揖。妇击磬三，口中隐约有词。祝已，肃客就外榻坐。妇立帘下理发支颐与客语，具道仙人灵迹。……言未已，闻室中细细繁响，如蝙蝠飞鸣。方凝听间，忽案上若堕巨石，声甚厉。妇转身曰："几惊怖煞人！"便闻案上作叹咤声，似一健叟。妇以蕉扇隔小座。座上大言曰："有缘哉！有缘哉！"

1.6

童时赴郡试，值春节。旧例，先一日，各行商贾，彩楼鼓吹赴藩司，名曰"演春"。余从友人戏瞩。是日游人如堵。堂上四官皆赤衣，东西相向坐。时方稚，亦不解其何官。但闻人语哜嘈，鼓吹聒耳。忽有一人率披发童，荷担而上，似有所白；万声汹动，亦不闻为何语。但视堂上作笑声。即有青衣人大声命作剧。其人应命方兴，问："作何剧？"堂上相顾数语。吏下宣问所长。答言："能颠倒生物。"吏以白官。少顷复下，命取桃子。术人声诺。解衣覆笥上，故作怨状，曰："官长殊不了了！坚冰未解，安所得桃？不取，又恐为南面者所怒。奈何！"其子曰："父已诺之，又焉辞？"术人惆怅良久，乃云："我筹之烂熟。春初雪积，人间何处可觅？唯王母园中，四时常不凋谢，或有之。必窃之天上，乃可。"子曰："嘻！天可阶而升乎？"曰："有术在。"乃启笥，出绳一团，约数十丈，理其端，望空中掷去；

绳即悬立空际，若有物以挂之。未几，愈掷愈高，渺入云中；手中绳亦尽。乃呼子曰："儿来！余老惫，体重拙，不能行，得汝一往。"遂以绳授子，曰："持此可登。"子受绳，有难色，怨曰："阿翁亦大愦愦!如此一线之绳，欲我附之，以登万仞之高天。倘中道断绝，骸骨何存矣！"父又强呜拍之，曰："我已失口，悔无及。烦儿一行。儿勿苦，倘窃得来，必有百金赏，当为儿娶一美妇。"子乃持索，盘旋而上，手移足随，如蛛趁丝，渐入云霄，下可复见。久之，坠一桃，如碗大。术人喜，持献公堂。堂上传视良久，亦不知其真伪。忽而绳落地上，术人惊曰："殆矣！上有人断吾绳，儿将焉托！"移时，一物堕。视之，其子首也。捧而泣曰："是必偷桃，为监者所觉。吾儿休矣！"又移时，一足落；无何，肢体纷堕，无复存者。术人大悲。一一拾置笥中而合之，曰："老夫止此儿，日从我南北游。今承严命，下意罹此奇惨!当负去瘗之。"乃升堂而跪，曰："为桃故，杀吾子矣！如怜小人而助之葬，当结草以图报耳。"坐官骇诧，各有赐金。术人受而缠诸腰，乃扣笥而呼曰："八八儿，不出谢赏，将何待？"忽一蓬头僮首抵笥盖而出，望北稽首，则其子也。以其术奇，故至今犹记之。后闻白莲教，能为此术，意此其苗裔耶？

1.7

癸亥岁，余馆于毕刺史公之绰然堂。公家花木最盛，暇辄从公杖履，得恣游赏。一日，眺览既归，倦极思寝，解屦登床。梦二女郎，被服艳丽，近请曰："有所奉托，敢屈移玉。"余愕然起，问："谁相见召？"曰："绛妃耳。"恍惚不解所谓，遽从之去。俄睹殿阁，高接云汉。下有石阶，层层而上，约尽百余级，始至颠头。见朱门洞敞，又有二三丽者，趋入通客。无何，诣一殿外，金钩碧箔，光明射眼。内一女人降阶出，环佩锵然，状若贵嫔。方思展拜，妃便先言："敬屈先生，理须首谢。"呼左右以毯贴地，若将行礼。余惶悚无以为地，因启曰："草莽微贱，得辱宠召，已有余荣。况敢分庭抗礼，益臣之罪，折臣之福！"妃命撤毯设宴，对筵相向。酒数行，余辞曰："臣饮少辄醉，惧有愆仪。教命云何？幸释疑虑。"妃不言，但以巨杯促饮。余屡请命。乃言："妾，花神也。合家细弱，依栖于此，屡被封家婢子，横见摧残。今欲背城借一，烦君属檄草耳。"余皇然起奏："臣学陋不文，恐负重托；但承宠命，敢不竭肝鬲之愚。"妃喜，即殿上赐笔札。诸丽者拭案拂座，磨墨濡毫。又一垂髫人，折纸为范，置腕下。略写一两句，便二三辈叠背相窥。余素迟钝，此时觉文思若涌。少间，稿脱，争持去，启呈绛妃。妃展阅一过，颇谓不疵，遂复送余归。醒而忆之，情事宛然。但檄词强半遗忘……

2.1

宫中尚促织之戏，岁征民间。此物故非西产；有华阴令欲媚上官，以一头进，试使斗而才，因责常供。令以责之里正。市中游侠儿，得佳者笼养之，昂其直，居为奇货。里胥猾黠，假此科敛丁口，每责一头，辄倾数家之产。邑有成名者，操童子业，久不售。为人迂讷，遂为猾胥报充里正役，百计营谋不能脱。不终岁，薄产累尽。会征促织，成不敢敛户口，而又无所赔偿，忧闷欲死。

2.2

蝗灾告城隍文

维康熙某年月日某官，敢昭告于本县城隍显佑伯之神曰：惟神与吏，咸有事于兹土，则遇灾而御，有患而捍。神之灵也，吏之职也。今兹三农在野，百谷未登，昨岁遗蝗，孳生在地，二麦之受其荼毒者，几半于郊外矣。乃旬日之间，蝗从邻邑西南而来。振羽绳绳，缘塍被陇。万姓奔号，若丧亡之无日。某等已具祷于神，神未有以殛之也。岂天灾之难救欤，百六之适际欤。不然，则吏之奉职无状，而精诚未能冥格也。民不能御灾而吁之吏，吏不能为民御灾而祈之神。神赫赫在上，能无即以吏与民之所祈者，得请于帝欤。夫以为灾会流行之必然，与蝗之来也，绵亘千有余里，郯介其中，特弹丸黑子耳，将安所逃哉。此皆人事之穷于补救之说也，神不其然意。神冥瞩之中，当有先民与吏，而愀然忾叹者矣。神其速殛之，幽毋尽伤于我黍稷，毋俾遗种于此田畴，民尚克有秋。惟神之赐，神其鉴之。敢告。

2.3

滕邑赵旺，夫妻奉佛，不茹荤血，乡中有“善人”之目。家称小有。一女小二，绝慧美。赵珍爱之。年六岁，使与兄长春，并从师读，凡五年而熟五经焉。同窗丁生，字紫陌，长于女三岁，文采风流，颇相倾爱。私以意告母，求婚赵氏。赵期以女字大家，故弗许。未几，赵惑于白莲教；徐鸿儒既反，一家俱陷为贼。小二知书善解，凡纸兵豆马之术，一见辄精。小女子师事徐者六人，惟二称最，因得尽传其术。赵以女故，大得委任。时丁年十八，游滕泮矣，而不肯论婚，意不忘小二也。潜亡去，投徐麾下。女见之喜，优礼逾于常格。女以徐高足，主军务；昼夜出入，父母不得间。丁每宵见，尝斥绝诸役，辄至三漏。丁私告曰："小生此来，卿知区区之意否？"女云："不知。"丁曰："我非妄意攀龙，所以故，实为卿耳。左道无济，止取灭亡，卿慧人，不念此乎？能从我亡，则寸心诚不负矣。"女怃然为间，豁然梦觉，曰："背亲而行，不义，请告。"二人入陈利害，赵不悟，曰："我师神人，岂有舛错？"女知不可谏，乃易髫而髻。出二纸鸢，与丁各跨其一；鸢肃肃展翼，似鹣鹣之鸟，比翼而飞。质明，抵莱芜界。女以指捻鸢项，忽即敛堕。遂收鸢；更以双卫，驰至山阴里，托为避乱者，僦屋而居。

二人草草出，啬于装，薪储不给。丁甚忧之。假粟比舍，莫肯贷以升斗。女无愁容，但质簪珥。闭门静对，猜灯谜，忆亡书，以是角低昂；负者，骈二指击腕臂焉。西邻翁姓，绿林之雄也。一日，猎归。女曰："富以其邻，我何忧？暂假千金，其与我乎！"丁以为难。女曰："我将使彼乐输也。"乃剪纸作判官状，置地下，覆以鸡笼。然后握丁登榻，煮藏酒，检周礼为觞政：任言是某册第几叶，第几人，即共翻阅。其人得食傍、水傍、酉傍者饮；得酒部者倍之。既而女适得"酒人"，丁以巨觥引满促酬。女乃祝曰："若借得金来，君当得饮部。"丁翻卷，得"鳖人"。女大笑曰："事已谐矣！"授爵。丁不服。女曰："君是水族，宜作鳖饮。"方喧竞所，闻笼中戛戛。女起曰："至矣。"启笼验视，则布囊中有巨金累累充溢。丁不胜愕喜。后翁家媪抱儿来戏，窃言："主人初归，篝灯夜坐。地忽暴裂，深不可底。一判官自内出，言：'我地府司隶也。太山帝君会诸冥曹，造暴客恶录，须银灯千架，架计重十两；施百架，则消灭罪愆。’主人骇惧，焚香叩祷，奉以千金。判官荏苒而入，地亦遂合。”夫妻听其言，故啧啧诧异之。而从此渐购牛马，蓄厮婢，自营宅第。里无赖子窥其富，纠诸不逞，逾垣劫丁。丁夫妇始自梦中醒，则编菅爇照，寇集满屋。二人执丁；又一人探手女怀。女袒而起，戟指而呵曰：“止，止！”盗十三人，皆吐舌呆立，痴若木偶。女始著袴下榻；呼集家人，一一反接其臂，逼令供吐明悉。乃责之曰：“远方人埋头涧谷，冀得相扶持；何不仁至此！缓急人所时有，窘急者不妨明告，我岂积殖自封者哉？豺狼之行，本合尽诛；但吾所不忍，姑释去，再犯不宥！”诸盗叩谢而去。

居无何，鸿儒就擒，赵夫妇妻子俱被夷诛；生赍金往赎长春之幼子以归。儿时三岁，养为己出，使从姓丁，名之承祧。于是里中人渐知为白莲教戚裔。适蝗害稼，女以纸鸢数百翼放田中，蝗远避，不入其陇，以是得无恙。里人共嫉之，群首于官，以为鸿儒余党。官瞰其富，肉视之，收丁。丁以重赂啖令，始得免。女曰：“货殖之来也苟，固宜有散亡。然蛇蝎之乡，不可久居。”因贱售其业而去之，止于益都之西鄙。女为人灵巧，善居积，经纪过于男子。尝开琉璃厂，每进工人而指点之，一切棋灯，其奇式幻采，诸肆莫能及，以故直昂得速售。居数年，财益称雄。而女督课婢仆严，食指数百无冗口。暇辄与丁烹茗著棋，或观书史为乐。钱谷出入，以及婢仆业，凡五日一课；女自持筹，丁为之点籍唱名数焉。动者赏赉有差；惰者鞭挞罚膝立。是日给假不夜作，夫妻设肴酒，呼婢辈度俚曲为笑。女明察如神，人无敢欺。而赏辄浮于其劳，故事易办。村中二百余家，凡贫者俱量给资本，乡以此无游惰。值大旱，女令村人设坛于野，乘舆夜出，禹步作法，甘霖倾注，五里内悉获霑足。人益神之。女出未尝障面，村人皆见之。或少年群君，私议其美；及觌面逢之，俱肃肃无敢仰视者。每秋日，村中童子不能耕作者，授以钱，使采荼蓟，几二十年，积满楼屋。人窃非笑之。会山左大饥，人相食；女乃出菜，杂粟赡饥者，近村赖以全活，无逃亡焉。

3.1

绍兴有寡媪夜绩，忽一少女推扉入，笑曰："老姥无乃劳乎？"视之，年十八九，仪容秀美，袍服炫丽。媪惊问："何来？"女曰："怜媪独居，故来相伴。"媪疑为侯门亡人，苦相诘。女曰："媪勿惧，妾之孤，亦犹媪也。我爱媪洁，故相就，两免岑寂，固不佳耶？"媪又疑为狐，默然犹豫。女竟升床代绩，曰："媪无忧，此等生活，妾优为之，定不以口腹相累。"媪见其温婉可爱，遂安之。夜深，谓媪曰："携来衾枕，尚在门外，出溲时，烦捉之。"媪出，果得衣一裹。女解陈榻上，不知是何等锦绣，香滑无比。媪亦设布被，与女同榻。罗衿甫解，异香满室。既寝，媪私念：遇此佳人，可惜身非男子。女子枕边笑曰："姥七旬，犹妄想耶？"媪曰："无之。"女曰："既下妄想，奈何欲作男子？"媪愈知为狐，大惧。女又笑曰："愿作男子，何心而又惧我耶？"

3.2

细柳娘，中部之士人女也。或以其腰嫖袅可爱，戏呼之"细柳"云。

柳少慧，解文字，喜读相人书。而生平简默，未尝言人臧否；但有问名者，必求一亲窥其人。阅人甚多，俱未可，而年十九矣。父母怒之曰：“天下迄无良匹，汝将以丫角老耶？”女曰：“我实欲以人胜天；顾久而下就，亦吾命也。今而后，请惟父母之命是听。”

时有高生者，世家名士，闻细柳之名，委禽焉。既醮，夫妇甚得。生前室遗孤，小字长福，时五岁，女抚养周至。女或归宁，福辄号啼从之，呵遣所不能止。年余，女产一子，名之长怙。生问名字之义，答言：“无他，但望其长依膝下耳。”

女于女红疏略，常不留意；而于亩之东南，税之多寡，按籍而问，惟恐不详。久之，谓生曰：“家中事请置勿顾，待妾自为之，不知可当家否？”生如言，半载而家无废事，生亦贤之。

一日，生赴邻村饮酒，适有追逋赋者，打门而谇；遣奴慰之，弗去。乃趣僮召生归。隶既去，生笑曰：“细柳，今始知慧女不若痴男耶？”女闻之，俯首而哭。生惊挽而劝之，女终不乐。生不忍以家政累之，仍欲自任，女又不肯。晨兴夜寐，经纪弥勤。每先一年，即储来岁之赋，以故终岁未尝见催租者一至其门；又以此法计衣食，由此用度益纾。于是生乃大喜，尝戏之曰：“细柳何细哉：眉细、腰细、凌波细，且喜心思更细。”女对曰：“高郎诚高矣：品高、志高、文字高，但愿寿数尤高。”

村中有货美材者，女不惜重直致之；价不能足，又多方乞贷于戚里。生以其不急之物，固止之，卒弗听。蓄之年余，富室有丧者，以倍赀赎诸其门。生因利而谋诸女，女不可。问其故，不语；再问之，荧荧欲涕。心异之，然不忍重拂焉，乃罢。又逾岁，生年二十有五，女禁不令远游；归稍晚，僮仆招请者，相属于道。于是同人咸戏谤之。一日，生如友人饮，觉体不快而归，至中途堕马，遂卒。时方溽暑，幸衣衾皆所夙备。里中始共服细娘智。

福年十岁，始学为文。父既殁，娇惰不肯读，辄亡去从牧儿遨。谯诃不改，继以夏楚，而顽冥如故。母无奈之，因呼而谕之曰："既不愿读，亦复何能相强？但贫家无冗人，可更若衣，便与僮仆共操作，不然，鞭挞勿悔！"于是衣以败絮，使牧豕；归则自掇陶器，与诸仆啖饭粥。数日，苦之，泣跪庭下，愿仍读。母返身向壁，置不闻。不得已，执鞭啜泣而出。残秋向尽，桁无衣，足无履，冷雨沾濡，缩头如丐。里人见而怜之，纳继室者，皆引细娘为戒，啧有烦言。女亦稍稍闻之，而漠不为意。福不堪其苦，弃豕逃去，女亦任之，殊不追问。积数月，乞食无所，憔悴自归；不敢遽入，哀求邻媪往白母。女曰："若能受百杖，可来见；不然，早复去。"福闻之，骤入，痛哭愿受杖。母问："今知改悔乎？"曰："悔矣。"曰："既知悔，无须挞楚，可安分牧豕，再犯不宥！"福大哭曰："愿受百杖，请复读。"女不听，邻妪怂恿之，始纳焉。濯发授衣，令与弟怙同师。勤身锐虑，大异往昔，三年游泮。中丞杨公，见其文而器之，月给常廪，以助灯火。

怙最钝，读数年不能记姓名。母令弃卷而农。怙游闲惮于作苦。母怒曰："四民各有本业，既不能读，又不能耕，宁不沟瘠死耶？"立杖之。由是率奴辈耕作，一朝晏起，则诟骂从之；而衣服饮食，母辄以美者归兄。怙虽不敢言，而心窃不能平。农工既毕，母出赀使学负贩。怙淫赌，入手丧败，诡托盗贼运数，以欺其母。母觉之，杖责濒死。福长跪哀乞，愿以身代，怒始解。自是一出门，母辄探察之。怙行稍敛，而非其心之所得已也。

一日，请母，将从诸贾入洛；实借远游，以快所欲，而中心惕惕，惟恐不遂所请。母闻之，殊无疑虑，即出碎金三十两，为之具装；末又以铤金一枚付之，曰："此乃祖宦囊之遗，不可用去，聊以压装，备急可耳。且汝初学跋涉，亦不敢望重息，只此三十金得无亏负足矣。"临行又嘱之。怙诺而出，欣欣意自得。至洛，谢绝客侣，宿名娼李姬之家。凡十余夕，散金渐尽。自以巨金在囊，初不意空匮在虑；及取而斫之，则伪金耳。大骇，失色。李媪见其状，冷语侵客。怙心不自安，然囊空无所向往，犹冀姬念夙好，不即绝之。俄有二人握索入，骤挚项领。惊惧不知所为。哀问其故，则姬已窃伪金去首公庭矣。至官，不能置辞，梏掠几死。收狱中，又无资斧，大为狱吏所虐，乞食于囚，苟延余息。

初，怙之行也，母谓福曰："记取廿日后，当遣汝之洛。我事烦，恐忽忘之。"福请所谓，黯然欲悲，不敢复请而退。过二十日而问之。叹曰："汝弟今日之浮荡，犹汝昔日之废学也。我不冒恶名，汝何以有今日？人皆谓我忍，但泪浮枕簟，而人不知耳！"因泣下。福侍立敬听，不敢研诘。泣已，乃曰："汝弟荡心不死，故授之伪金以挫折之，今度已在缧绁中矣。中丞待汝厚，汝往求焉，可以脱其死难，而生其愧悔也。"福立刻而发；比入洛，则弟被逮三日矣。即狱中而望之，怙奄然面目如鬼，见兄涕不可仰。福亦哭。时福为中丞所宠异，故遐迩皆知其名。邑宰知为怙兄，急释之。

怙至家，犹恐母怒，膝行而前。母顾曰："汝愿遂耶？"怙零涕不敢复作声，福亦同跪，母始叱之起。由是痛自悔，家中诸务，经理维勤；即偶惰，母亦不呵问之。凡数月，并不与言商贾，意欲自请而不敢，以意告兄。母闻而喜，并力质贷而付之，半载而息倍焉。是年，福秋捷，又三年登第；弟货殖累巨万矣。邑有客洛者，窥见太夫人，年四旬，犹若三十许人，而衣妆朴素，类常家云。

4.1

松龄其第三子，十余岁未聘，闻刘公次女待字，媒通之。或訾其贫。刘公曰："闻其为忍辱仙人，又教儿读，不以贫辍业，贻谋必无蹉跌，虽贫何病？"遂文定焉。顺治乙未间，讹传朝廷将选良家子充掖庭，人情汹动。刘公初不信，而意不敢坚，亦从众送女诣婿家，时年十三，姑董与同寝处。讹言既息，始移归。又二年，始行御轮之礼。入门最温谨，朴讷寡言，不及诸宛若慧黠，亦不似他者与姑悖谿也。姑董谓其有赤子之心，颇加怜爱，到处逢人称道之。冢妇益恚，率娣姒若为党，疑姑有偏私，频侦察之；而姑素坦白，即庶子亦抚爱如一，无瑕可蹈也。然时以虚舟之触为姑罪，呶呶者竞长舌无已时。处士公曰："此乌可久居哉！"乃析箸授田二十亩。时岁歉，荍五斗、粟三科。杂器具，皆弃朽败，争完好；而刘氏默若痴。兄弟皆得夏屋，爨舍闲房皆具；松龄独异：居惟农场老屋三间，旷无四壁，小树丛丛，蓬蒿满之。

4.2

崔猛，字勿猛，建昌世家子。性刚毅，幼在塾中，诸童稍有所犯，辄奋拳殴击，师屡戒不悛；名、字，皆先生所赐也。至十六七，强武绝伦。又能持长竿登夏屋。喜雪不平，以是乡人共服之，求诉禀白者盈阶满室。崔抑强扶弱，不避怨嫌；稍逆之，石杖交加，支体为残。每盛怒，无敢劝者。惟事母孝，母至则解。母谴责备至，崔唯唯听命，出门辄忘。

比邻有悍妇，日虐其姑。姑饿濒死，子窃啖之；妇知，诟厉万端，声闻四院。崔怒，逾垣而过，鼻耳唇舌尽割之，立毙。母闻大骇，呼邻子，极意温恤，配以少婢，事乃寝。母愤泣不食。崔惧，跪请受杖，且告以悔。母泣不顾。崔妻周，亦与并跪。母乃杖子，而又针刺其臂，作十字纹，朱涂之，俾勿灭。崔并受之。母乃食。

母喜饭僧道，往往餍饱之。适一道士在门，崔过之。道士目之曰："郎君多凶横之气，恐难保其令终。积善之家，不宜有此。"崔新受母戒，闻之，起敬曰："某亦自知；但一见不平，苦不自禁。力改之，或可免否？"道士笑曰："姑勿问可免不可免，请先自问能改不能改。但当痛自抑；如有万分之一，我告君以解死之术。"崔生平不信厌禳，笑而不言。道士曰："我固知君不信。但我所言，不类巫觋，行之亦盛德；即或不效，亦无妨碍。"崔请教，乃曰："适门外一后生，宜厚结之，即犯死罪，彼亦能活之也。"呼崔出，指示其人，盖赵氏儿，名僧哥。

赵，南昌人，以岁祲饥，侨寓建昌。崔由是深相结，请赵馆于其家，供给优厚。僧哥年十二，登堂拜母，约为弟昆。逾岁东作，赵携家去，音问遂绝。

崔母自邻妇死，戒子益切，有赴诉者，辄摒斥之。一日，崔母弟卒，从母往吊。途遇数人，絷一男子，呵骂促步，加以捶扑。观者塞途，舆不得进。崔问之。识崔者竞相拥告。先是，有巨绅子某甲者，豪横一乡，窥李申妻有色，欲夺之，道无由。因命家人诱与博赌，贷以赀而重其息，要使署妻于券，赀尽复给。终夜，负债数千；积半年，计子母三十余千。申不能偿，强以多人篡取其妻。申哭诸其门。某怒，拉系树上，榜笞刺剟，逼立"无悔状"。崔闻之，气涌如山，鞭马前向，意将用武。母搴帘而呼曰："唶！又欲尔耶！"崔乃止。

既吊而归，不语亦不食，兀坐直视，若有所嗔。妻诘之，不答。至夜，和衣卧榻上，辗转达旦，次夜复然。忽启户出，辄又还卧。如此三四，妻不敢诘，惟慑息以听之。既而迟久乃反，掩扉熟寝矣。是夜，有人杀某甲于床上，刳腹流肠；申妻亦裸尸床下。官疑申，捕治之。横被残梏，踝骨皆见，卒无词。积年余，不堪刑，诬服，论辟。

会崔母死，既殡，告妻曰："杀甲者，实我也。徒以有老母故，不敢泄。今大事已了，奈何以一身之罪殃他人？我将赴有司死耳！"妻惊挽之，绝裾而去，自首于庭。官愕然，械送狱，释申。申不可，坚以自承。官不能决，两收之。戚属皆诮让申。申曰："公子所为，是我欲为而不能者也。彼代我为之，而忍坐视其死乎？今日即谓公子未出也可。"执不异词，固与崔争。久之，衙门皆知其故，强出之，以崔抵罪，濒就决矣。会恤刑官赵部郎，案临阅囚，至崔名，屏人而唤之。崔入，仰视堂上，僧哥也。悲喜实诉。赵徘徊良久，仍令下狱，嘱狱卒善视之。寻以自首减等，充云南军，申为服役而去；未期年，援赦而归，皆赵力也。

既归，申终从不去，代为纪理生业。予之赀，不受。缘幢技击之术，颇以关怀。崔厚遇之，买妇授田焉。崔由此力改前行，每抚臂上刺痕，泫然流涕。以故乡邻有事，申辄矫命排解，不相禀白。

有王监生者，家豪富，四方无赖不仁之辈，出入其门。邑中殷实者，多被劫掠；或迕之，辄遣盗杀诸途。子亦淫暴。王有寡婶，父子俱烝之。妻仇氏，屡沮王，王缢杀之。仇兄弟质诸官，王赇嘱，以告者坐诬。兄弟冤愤莫伸，诣崔求诉。申绝之使去。过数日，客至，适无仆，使申沦茗。申默然出，告人曰："我与崔猛朋友耳，从徙万里，不可谓不至矣；曾无廪给，而役同厮养，所不甘也！"遂忿而去。或以告崔。崔讶其改节，而亦未之奇也。申忽讼于官，谓崔三年不给佣值。崔大异之，亲与对状，申忿相争。官不直之，责逐而去。

又数日，申忽夜入王家，将其父子婶妇并杀之，黏纸于壁，自书姓名；及追捕之，则亡命无迹。王家疑崔主使，官不信。崔始悟前此之讼，盖恐杀人之累己也。关行附近州邑，追捕甚急。会闯贼犯顺，其事遂寝。及明鼎革，申携家归，仍与崔善如初。

时土寇啸聚，王有从子得仁，集叔所招无赖，据山为盗，焚掠村疃。一夜，倾巢而至，以报仇为名。崔适他出；申破扉始觉，越墙伏暗中。贼搜崔、李不得，据崔妻，括财物而去。申归，止有一仆，忿极，乃断绳数十段，以短者付仆，长者自怀之。嘱仆越贼巢，登半山，以火爇绳，散挂荆棘，即反勿顾。仆应而去。申窥贼皆腰束红带，帽系红绢，遂效其装。有老牝马初生驹，贼弃诸门外。申乃缚驹跨马，衔枚而出，直至贼穴。贼据一大村，申絷马村外，逾垣入。见贼众纷纭，操戈未释。申窃问诸贼，知崔妻在王某所。俄闻传令，俾各休息，轰然叫应。忽一人报东山有火，众贼共望之；初犹一二点，既而多类星宿。申坌息急呼东山有警。王大惊，束装率众而出。申乘间漏出其右，反身入内。见两贼守帐，绐之曰："王将军遗佩刀。"两贼竞觅。申自后斫之，一贼踣；其一回顾，申又斩之。竟负崔妻越垣而出。解马授辔，曰："娘子不知途，纵马可也。"马恋驹奔驶，申从之。出一隘口，申灼火于绳，徧悬之，乃归。

次日，崔还，以为大辱，形神跳躁，欲单骑往平贼。申谏止之。集村人共谋，众逭怯莫敢应。解谕再四，得敢往二十余人，又苦无兵。适于得仁族姓家获奸细二。崔欲杀之，申不可；命二十人各持白梃，具列于前，乃割其耳而纵之。众怨曰："此等兵旅，方惧贼知，而反示之。脱其倾队而来，阖村不保矣！"申曰："吾正欲其来也。"执匿盗者诛之。遣人四出，各假弓矢火铳，又诣邑借巨炮二。日暮，率壮士至隘口，置炮当其冲，使二人匿火而伏，嘱见贼乃发。又至谷东口，伐树置崖上。已而与崔各率十余人，分岸伏之。

一更向尽，遥闻马嘶，贼果大至，繈属不绝。俟尽入谷，乃推堕树木，断其归路。俄而炮发，喧腾号叫之声，震动山谷。贼骤退，自相践踏；至东口，不得出，集无隙地。两岸铳矢夹攻，势如风雨，断头折足者，枕藉沟中。遗二十余人，长跪乞命。乃遣人絷送以归。乘胜直抵其巢。守巢者闻风奔窜，搜其辎重而还。崔大喜，问其设火之谋。曰："设火于东，恐其西追也；短，欲其速尽，恐侦知其无人也；既而设于谷口，口甚隘，一夫可以断之，彼即追来，见火必惧：皆一时犯险之下策也。"取贼鞫之，果追入谷，见火惊退。二十余贼，尽劓刖而放之。由此威声大震，远近避乱者从之如市，得土团三百余人。各处强寇无敢犯，一方赖之以安。

5.1

甲寅岁，三藩作反，南征之士，养马兖郡，鸡犬庐舍一空，妇女皆被淫污。时遭霪雨，田中潴水为湖，民无所匿，遂乘垣入高粱丛中。兵知之，裸体乘马，入水搜淫，鲜有遗脱。惟张氏妇不伏，公然在家。有厨舍一所，夜与夫掘坎深数尺，积茅焉；覆以薄，加席其上，若可寝处。自炊灶下。有兵至，则出门应给之。二蒙古兵强与淫。妇曰："此等事，岂可对人行者！"其一微笑，啁嗻而出。妇与入室，指席使先登。薄折，兵陷。妇又另取席及薄覆其上，故立坎边，以诱来者。少间，其一复入。闻坎中号，不知何处。妇以手笑招之曰："在此处。"兵踏席，又陷。妇乃益投以薪，掷火其中。火大炽，屋焚。妇乃呼救。火既熄，燔尸焦臭。人问之。妇曰："两猪恐害于兵，故纳坎中耳。"

5.2

湖州宗湘若，士人也。秋日巡视田垅，见禾稼茂密处，振摇甚动。疑之，越陌往觇，则有男女野合。一笑将返。即见男子腼然结带，草草迳去。女子亦起。细审之，雅甚娟好。心悦之，欲就绸缪，实惭鄙恶。乃略近拂拭曰："桑中之游乐乎？"女笑不语。宗近身启衣，肤腻如脂。于是挼莎上下几徧。女笑曰："腐秀才！要如何，便如何耳，狂探何为？"诘其姓氏，曰："春风一度，即别东西，何劳审究？岂将留名字作贞坊耶？"宗曰："野田草露中，乃山村牧猪奴所为，我不习惯。以卿丽质，即私约亦当自重，何至屑屑如此？”女闻言，极意嘉纳。宗言：“荒斋不远，请过留连。”

5.3

生狎抱之。女曰：“君暂释手。今有两道，请君择之。”生揽项问故。曰：“若为棋酒之交，可得三十年聚首；若作床第之欢，可六年谐合耳。君焉取？”生曰：“六年后再商之。”

5.4

女诃之曰：“君非丈夫，负此弁耳！使我易髻而冠，青紫直芥视之！”生方懊丧，闻妻言，睒暘而怒曰：“闺中人，身不到场屋，便以功名富贵似汝厨下汲水炊白粥；若冠加于顶，恐亦犹人耳！”女笑曰：“君勿怒。俟试期，妾请易装相代。倘落拓如君，当不敢复藐天下士矣。”生亦笑曰：“卿自不知蘖苦，真宜使请尝试之。但恐绽露，为乡邻笑耳。”女曰：“妾非戏语。君尝言燕有故庐，请男装从君归，伪为弟。君以襁褓出，谁得辨其非？”生从之。女入房，巾服而出，曰：“视妾可作男儿否？”生视之，俨然一顾影少年也。

……会学使案临，两人并出。兄又落。弟以冠军应试，中顺天第四；明年成进士；授桐城令，有吏治；寻迁河南道掌印御史，富埒王侯。

5.5

南三复，晋阳世家也。有别墅，去所居十里余，每驰骑日一诣之。适遇雨，途中有小村，见一农人家，门内宽敞，因投止焉。近村人故皆威重南。少顷，主人出邀，跼蹐甚恭。入其舍斗如。客既坐，主人始操彗，殷勤泛扫。既而泼蜜为茶。命之坐，始敢坐。问其姓名，自言："廷章，姓窦。"未几，进酒烹雏，给奉周至。有笄女行炙，时止户外，稍稍露其半体，年十五六，端妙无比。南心动。雨歇既归，系念綦切。越日，具粟帛往酬，借此阶进。是后常一过窦，时携肴酒，相与留连。女渐稔，不甚忌避，辄奔走其前。睨之，则低鬟微笑。南益惑焉，无三日不往者。一日，值窦不在，坐良久，女出应客。南捉臂狎之。女惭急，峻拒曰："奴虽贫，要嫁，何贵倨凌人也！"时南失偶，便揖之曰："倘获怜眷，定不他娶。"女要誓，南指矢天日，以坚永约，女乃允之。自此为始，瞰窦他出，即过缱绻。女促之曰："桑中之约，不可长也。日在帡幪之下，倘肯赐以姻好，父母必以为荣，当无不谐。宜速为计！"南诺之。转念农家岂堪匹耦？姑假其词以因循之。会媒来为议姻于大家；初尚踌躇，既闻貌美财丰，志遂决。女以体孕，催并益急，南遂绝迹不往。

无何，女临蓐，产一男。父怒搒女。女以情告，且言："南要我矣。"窦乃释女，使人问南；南立却不承。窦乃弃儿，益扑女。女暗哀邻妇，告南以苦。南亦置之。女夜亡，视弃儿犹活，遂抱以奔南。款关而告阍者曰："但得主人一言，我可不死。彼即不念我，宁不念儿耶？"阍人具以达南，南戒勿内。女倚户悲啼，五更始不复闻。质明视之，女抱儿坐僵矣。

5.6

梁有才，故晋人，流寓于济，作小负贩。无妻子田产。从村人登岱。岱，四月交，香侣杂沓。又有优婆夷塞，率众男子以百十，杂跪神座下，视香炷为度，名曰“跪香”。才视众中有女郎，年十七八而美，悦之。诈为香客，近女郎跪，又伪为膝困无力状，故以手据女郎足。女回首似嗔，膝行而远之。才又膝行近之；少间又据之。女郎觉，遽起不跪，出门去。才亦起亦出，履其迹，不知其往。心无望，怏怏而行。途中见女郎从媪，似为女也母者，才趋之。媪女行且语，媪云：“汝能参礼娘娘，大好事！汝又无弟妹，但获娘娘冥加护，护汝得快婿，但能相孝顺，都不必贵公子、富王孙也。”才窃喜，渐渍，诘媪。媪自言为云氏，女名翠仙，其出也。家西山四十里。才曰：“山路濇，母如此蹜蹜，妹如此纤纤，何能便至？”曰：“日已晚，将寄舅家宿耳。”才曰：“适言相婿，不以贫嫌，不以贱鄙，我又未婚，颇当母意否？”媪以问女，女不应。媪数问，女曰：“渠寡福，又荡无行，轻薄之心，还易反复。儿不能为遢伎儿作妇!”才闻，朴诚自表，切矢皦日。媪喜，竟诺之。女不乐，勃然而已。母又强咆哮之。才殷勤，手于橐，觅山兜二，舁媪及女，己步从若为仆。过隘，辄诃兜夫不得颠摇动，良殷。

俄抵村舍，便邀才同入舅家。舅出翁，妗出媪也。云兄之嫂之。谓：“才吾婿。日适良，不须别择，便取今夕。”舅亦喜，出酒肴饵才。既，严妆翠仙出，拂榻促眠。女曰：“我固知郎不义，迫母命，漫相随。郎若人也，当不须忧偕活。”才唯唯听受。

明日早起，母谓才：“宜先去，我以女继至。”才归，扫户闼。媪果送女至。入视室中，虚无有。便云：“似此何能自给？老身速归，当小助汝辛苦。”遂去。次日，有男女数辈，各携服食器具，布一室满之。不饭俱去，但留一婢。

才由此坐温饱，惟日引里无赖子，朋饮竞赌，渐盗女簪珥佐博。女劝之，不听；颇不耐之，惟严守箱奁如防寇。

一日，博党款门访才，窥见女，适适惊。戏谓才曰：“子大富贵，何忧贫耶？”才问故。答曰：“曩见夫人，实仙人也。适与子，家道不相称。货为媵，金可得百；为妓，可得千。千金在室，而听饮博无赀耶？”才不言，而心然之。归辄向女唏嘘，时时言贫不可度。女不顾，才频频击桌，抛匕箸，骂婢，作诸恶态。

一夕，女沽酒与饮。忽曰：“郎以贫故，日焦心。我又不能御穷，分郎忧，中岂不愧怍？但无长物，止有此婢，鬻之，可稍稍有经营。”才摇首曰：“其直几许！”又饮少时，女曰：“妾与郎，有何不相承？但力竭耳。念一贫如此，便死相从，不过均此百年苦，有何发迹？不如以妾鬻贵家，两所便益，得直或较婢多。”才故愕言：“何得至此！”女固言之，色作庄。才喜曰：“容再计之。”遂缘中贵人货隶乐籍。

中贵人亲诣才，见女大悦。恐不能即得，立券八百缗。事滨就矣，女曰：“母日以婿家贫，常常萦念，今义断矣，我将暂归省；且郎与妾绝，何得不告母？”才虑母阻。女曰：“我顾自乐之，保无差忒。”才从之。

夜将半，始抵母家。挝关入，见楼舍华好，婢仆辈往来憧憧。才日与女居，每请诣母，女辄止之，故为甥馆年余，曾未一临岳家。至此大骇，以其家巨，恐媵妓所不甘也。女引才登楼上。媪惊问夫妻何来。女怨曰："我固道渠不义，今果然！"乃于衣底出黄金二铤置几上，曰："幸不为小人赚脱，今仍以还母。"母骇问故。女曰："渠将鬻我，故藏金无用处。"乃指才骂曰："豺鼠子！曩日负肩担，面沾尘如鬼。初近我，熏熏作汗腥，肤垢欲倾塌，足手皴一寸厚，使人终夜恶。自我归汝家，安坐餐饭，鬼皮始脱。母在前，我岂诬耶？"才垂首，不敢少出气。女又曰："自顾无倾城姿，不堪奉贵人。似若辈男子，我自谓犹相匹。有何亏负，遂无一念香火情？我岂不能起楼宇、买良沃？念汝儇薄骨、乞丐相，终不是白头侣！"言次，婢妪连衿臂，旋旋围绕之。闻女责数，便都唾骂，共言："不如杀却，何须复云云！"才大惧，据地自投，但言知悔。女又盛气曰："鬻妻子已大恶，犹未便是剧；何忍以同衾人赚作娼！"言未已，众眥裂，悉以锐簪翦刀股，攒刺胁䐡。才号悲乞命。女止之曰："可暂释却。渠便无仁义，我不忍其觳觫。"乃率众下楼去。

才坐听移时，语声俱寂，思欲潜遁。忽仰视见星汉，东方已白，野色苍莽；灯亦寻灭。并无屋宇，身坐削壁上。俯瞰绝壑，深无底。骇绝，惧堕。身稍移，塌然一声，堕石崩坠。壁半有枯藤横焉，挂不得堕。以枯受腹，手足无着。下视茫茫，不知几何寻丈。不敢转侧，嗥怖声嘶，一身尽肿，眼耳鼻舌身力俱竭。日渐高，始有樵人望见之，寻绠来，缒而下，取置崖上，奄将溘毙。舁归其家。至则门洞敞，家荒荒如败寺，床簏什器俱杳，惟有绳床败案，是己家旧物，零落犹存。嗒然自卧。饥时，日一乞食于邻。既而肿溃为癞。里薄其行，悉唾弃之。才无计，货屋而穴居，行乞于道，以刀自随。或劝以刀易饵，才下肯，曰:“野居防虎狼，用自卫耳。”后遇向劝鬻妻者于途，近而哀语，遽出刀摮而杀之，遂被收。官廉得其情，亦未忍酷虐之，系狱中，寻瘐死。

参考书目

AHERN, EMILY. *The Cult of the Dead in a Chinese Village*. Stanford: Stanford University Press, 1973.

BELL, MARK A. *China: Being a Military Report on the Northeastern Portions of the Provinces of Chih-li and Shan-tung; Nanking and its Approaches; Canton and its Approaches; etc., etc.* 2 vols. Simla: Government Central Branch Press, 1884.

BISHOP, JOHN LYMAN. *The Colloquial Short Story in China: A Study of the San-yen Collections*. Cambridge, Mass.: Harvard University Press, 1956.

BODDE, DERK. "Prison Life in Eighteenth-Century Peking." *Journal of the American Oriental Society*, 89 (1969): 311–33.

——— AND MORRIS, CLARENCE. *Law in Imperial China, Exemplified by 190 Ch'ing Dynasty Cases*. Cambridge, Mass.: Harvard University Press, 1967.

BOULAIS, GUY. *Manuel du code chinois*. Variétés sinologiques, no. 55. Shanghai, 1924.

BRUNNERT, H. S., AND HAGELSTROM, V. V. *Present Day Political Organization of China*. Translated by A. Beltchenko and E. E. Moran. Shanghai: Kelly and Walsh, 1911.

BUCK, DAVID D. "The Provincial Elite in Shantung during the Republican Period: Their Successes and Failures." *Modern China*, 1:4 (October 1975): 417–46.

BUCK, JOHN LOSSING. *Land Utilization in China: A Study of 16,786 Farms in 168 Localities. . . . II: Statistics. III: Atlas*. Nanking: University of Nanking Press, 1937.

CHAN HOK-LAM. "The White Lotus-Maitreya Doctrine and Popular Uprisings in Ming and Ch'ing China." *Sinologica*, Separatum Volume 10 (1969): 211–33.

CHANG CHING-CH'IAO 张景樵. *"Liao-chai chih-i" yüan-kao k'ao-cheng* 聊斋志异原稿考证 [A Study of the Original Draft Manuscript of the *Liao-chai chih-i*]. Taipei, 1968.

CHANG CHUN-SHU AND CHANG HSÜEH-LUN. "The World of P'u

Sung-ling's *Liao-chai chih-i*: Literature and the Intelligentsia during the Ming-Ch'ing Dynastic Transition," *Journal of the Institute of Chinese Studies* (Chinese University of Hong Kong), 6:2 (1973): 401–23.

Chang P'ei 章 沛 . "*Liao-chai chih-i* ko pieh tso-p'in chung-ti min-tsu ssu-hsiang" 聊斋志异个别作品中的民族思想 [Nationalist Thought in the *Liao-chai chih-i*]. *Wen-hsüeh i-ch'an tseng-k'an* 文学遗产增刊, no. 6 (1958): 269–80.

Chang Yao 张 曜 . *Shan-tung chün-hsing chi-lüeh* 山东军兴纪略 [History of Military Campaigns in Shantung]. 22 chuan. Taipei: Wen-hai ch'u-pan-she reprint, n.d.

Chao Meng-an 禚梦庵. "T'an-ch'eng I-nan shih-she" 郯城沂南诗社 [The I River Poetry Club of T'an-ch'eng]. *Shan-tung wen-hsien* 山东文献, 2:4 (1977): 57–58.

Ch'en Wan-nai 陈万鼐. *Hung Sheng yen-chiu* 洪昇研究 [A Study of Hung Sheng]. Taipei: Taiwan Hsüeh-sheng shu-chü, 1970.

Ch'eng Cheng-k'uei 程正揆. *Ts'ang-chou chi-shih* 沧州纪事 [Memoir of the Ts'ang-chou Area in 1644]. In *Ch'ing-t'o i-shih* 荆驼逸史, ts'e 32.

Cheng T'ien-t'ing et al. 郑天挺. *Ming-mo nung-min ch'i-i shih-liao* 明末农民起义史料 [Materials on the Late Ming Peasant Uprisings]. Peking, 1952.

Ching Su and Lo Lun 景苏 罗仑 . *Ch'ing-tai Shan-tung ching-ying ti-chu ti she-hui hsing-chih* 清代山东经营地主的社会性质 [Social Characteristics of Shantung Managerial Landlords during the Ch'ing]. Shantung: Jen-min ch'u-pan she, 1959.

Chu, Yung-deh Richard. "An Introductory Study of the White Lotus Sect in Chinese History with Special Reference to Peasant Movements." Ph.D. dissertation, Columbia University, 1967.

Di Giura, Ludovico Nicola, trans. *I Racconti Fantastici di Liao* [translation of P'u Sung-ling's *Liao-chai chih-i*]. Milan: Arnoldo Mondadori [1926], 1962.

Doré, Henri. *Recherches sur les superstitions en Chine*. Variétés sinologiques, no. 48: *Le panthéon chinois* (fin); Variétés sinologiques, no. 49: *Popularisation du confucéisme*. . . . Shanghai: Imprimerie de la Mission Catholique, 1918.

Dunstan, Helen. "The Late Ming Epidemics: A Preliminary Survey." *Ch'ing-shih wen-t'i*, 3:3 (1975): 1–59.

Eberhard, Wolfram. *Chinesische Träume und ihre Deutung*. Akademie der Wissenschaften und der Literatur, Abhandlungen der

Geistes und Sozialwissenschaftlichen Klasse, Jahrgang 1974, nr. 14. Wiesbaden: Franz Steiner Verlag, 1971.

FA-SHIH-SHAN 法式善. *Ch'ing-pi shu-wen* 清秘述闻 [Examiners and Examination Questions in the Early Ch'ing]. 16 chuan, 1798. Taipei: Wen-hai ch'u-pan-she reprint, n.d.

FENG K'O-TS'AN. See note on p. 141.

Fu-hui ch'üan-shu, 1694. See note on p. 141.

FUJITA KEIICHI 藤田敬一. "Shinsho Santō ni okeru fuekisei ni tsuite" 清初山东における赋役制について [The Tax and Corvée System in Shantung during the Early Ch'ing Period]. *Tōyōshi kenkyū* 东洋史研究, 24:2 (September 1965): 127–51.

GILES, HERBERT A., trans. *Strange Stories from a Chinese Studio*. Rev. ed. London: T. W. Laurie, 1916.

Hai-chou chih-li-chou chih 海州直隶州志 [Gazetteer of the Independent Department of Hai-chou]. 32 chuan. 1811. Taipei: Ch'en-wen reprint, 1970.

HERVOUET, YVES, general editor. *Contes extraordinaires du pavillon du loisir, par P'ou Song-ling*. Collection UNESCO d'oeuvres représentatives, 31. Série chinoise. Paris: Gallimard, 1969.

HIGHTOWER, JAMES ROBERT. *Topics in Chinese Literature, Outlines and Bibliographies*. Cambridge, Mass.: Harvard University Press, 1962.

HO MAN-TZU 何满子. *P'u Sung-ling yü "Liao-chai chih-i"* 蒲松龄与聊斋志异 [A Study of P'u Sung-ling's *Liao-chai chih-i*]. Shanghai, 1965.

HO PING-TI. *Studies on the Population of China, 1368–1953*. Cambridge, Mass.: Harvard University Press, 1959.

HSIAO KUNG-CHUAN. *Rural China: Imperial Control in the Nineteenth Century*. Seattle: University of Washington Press, 1960.

HSIEH KUO-CHEN 谢国桢. *Ch'ing-ch'u nung-min ch'i-i tzu-liao chi-lu* 清初农民起义资料辑录 [Sources on Peasant Risings in the Early Ch'ing]. Shanghai, 1956.

HUANG LIU-HUNG. See note on p. 141.

HUANG, RAY. *Taxation and Governmental Finance in Sixteenth-Century Ming China*. Cambridge: Cambridge University Press, 1974.

Hui-tien shih-li 会典事例 [Ch'ing Statutes and Precedents]. Taipei: Ch'i-wen ch'u-pan-she reprint, 1963.

HUMMEL, ARTHUR, ed. *Eminent Chinese of the Ch'ing Period*, 2 vols. Washington, D.C., 1943–44.

I-chou chih 沂州志 [Gazetteer of I-chou]. 8 chuan. 1674.

I-chou fu-chih 沂州府志 [Gazetteer of I-chou]. 36 chuan. 1760.

I hsien-chih 峄县志 [Gazetteer of I County]. 10 chuan. 1761.

IRWIN, RICHARD GREGG. *The Evolution of a Chinese Novel: Shui-hu-chuan.* Cambridge, Mass.: Harvard University Press, 1966.

JORDAN, DAVID K. *Gods, Ghosts, and Ancestors: The Folk Religion of a Taiwanese Village.* Berkeley: University of California Press, 1972.

(Ts'ao-chou fu) Ko-tse hsien hsiang-t'u chih 曹州府菏泽县乡土志 [Gazetteer of Ko-tse County]. 1 chuan. 1908. Taipei: Ch'eng-wen reprint, 1968.

LADSTÄTTER, OTTO. "P'u Sung-ling und seine Werke in Umgangssprache." Inaugural dissertation, Ludwig-Maximilians University, Munich, 1960.

Lai-yang hsien-chih 莱阳县志 [Gazetteer of Lai-yang]. 34 chuan. 1935.

LEGGE, JAMES. *The Chinese Classics.* 5 vols. Rev. ed. Oxford: Clarendon Press, 1893–1895.

LI WEN-CHIH 李文治. *Wan-Ming min-pien* 晚明民变 [Popular Uprisings in the Late Ming]. Hong Kong: Yuan-tung t'u-shu kung-ssu reprint, 1966.

LI YÜ 李　渔. *Tzu-chih hsin-shu* 资治新书 [Collected Essays on Administration]. 14 chuan, 1663; 20 chuan, 1667.

Liao-chai chih-i. See note on p. 141.

Lin-i hsien-chih 临沂县志 [Gazetteer of Lin-i]. 14 chuan. 1916.

LIU CHIEH-P'ING 刘阶平. *Liao-chai pien-nien shih-chi hsüan-chu* 聊斋编年诗集选注 [Poems of P'u Sung-ling, Chronologically Arranged and Annotated]. Taipei: Chung-hua Shu-chü, 1974.

LU TA-HUAN 路大荒. "P'u Liu-yüan hsien-sheng nien-p'u" 蒲柳泉先生年谱 [A Chronological Biography of P'u Sung-ling], in *P'u Sung-ling chi*, pp. 1745–1801.

METZGER, THOMAS. *The Internal Organization of Ch'ing Bureaucracy: Legal, Normative, and Communication Aspects.* Cambridge, Mass.: Harvard University Press, 1973.

MYERS, RAMON H. "Commercialization, Agricultural Development, and Landlord Behavior in Shantung Province in the Late Ch'ing Period." *Ch'ing-shih wen-t'i*, 2:8 (May 1972): 31–55.

NAKAMURA JIHEI 中村治兵卫. "Shindai Santō no gakuden" 清代山东の学田 [Shantung School Lands during the Ch'ing Dynasty]. *Shien* 史　渊, 64 (February 1955): 43–63.

———. "Shindai Santō no gakuden no kosaku" 清代山东の学田の小作 [Tenancy on Shantung School Lands during the Ch'ing Dynasty]. *Shien* 史 渊, 71 (December 1956): 55–77.

NISHIMURA GENSHO 西村元照. "Shinsho no tochi jōryō ni tsuite" 清初の土地丈量について [Land Surveys in the Early Ch'ing Period]. *Tōyōshi-kenkyū* 东洋史研究 33:3 (December 1974): 102–55.

Pa-ch'i t'ung-chih 八旗通志 [History of the Eight Banners]. 1739 ed. Taipei: Hsüeh-sheng shu-chü reprint, 1968.

P'AN SHAO-TS'AN 藩杓灿. *Wei-hsin pien* 未信编 [Treatise on Local Administration]. 6 chuan. 1684.

P'ei-chou chih 邳州志 [Gazetteer of P'ei-chou]. 20 chuan. 1851 ed. Taipei: Ch'eng-wen reprint, 1970.

P'ENG SUN-I 彭孙贻. *P'ing-k'ou chih* 平寇志 [Account of Rebel Pacifications, 1628–1661]. 12 chuan. 1931 ed.

Pi hsien-chih 费县志 [Gazetteer of Pi (Fei) County]. 10 chuan. 1689.

(*Hsü-hsiu*) *Po-shan hsien-chih* 续修博山县志 [Further Continuation of the Po-shan Gazetteer]. 15 chuan. 1937. Taipei: Ch'eng-wen reprint, 1968.

PRUŠEK, JAROSLAV. *Chinese History and Literature: Collection of Studies*. Dordrecht: D. Reidel, 1970.

P'U SUNG-LING. See note on p. 141.

———. *Liao-chai chih-i*, translations from. See Di Giura, Giles, Hervouet, Quong.

P'u Sung-ling chi 蒲松龄集 [Collected Works of P'u Sung-ling—Essays, Poems, Plays]. 2 vols. Shanghai: Chung-hua shu-chü, 1962.

P'u Sung-ling yen-chiu tzu-liao 蒲松龄研究资料[Collected Studies on P'u Sung-ling]. 2 vols. Hong Kong: T'ao-chai shu-wu, 1974.

QUONG, ROSE, trans. *Chinese Ghost and Love Stories: A Selection from the Liao Chai Stories by P'u Sung-ling*. New York: Pantheon, 1946.

Shan-tung ti-fang-shih chiang-shou t'i-kang 山东地方史讲授提纲 [Discussion of Major Themes in the Local History of Shantung]. Chinan: Shantung Jen-min ch'u-pan-she, 1960.

Shan-tung t'ung-chih 山东通志 [Gazetteer of Shantung Province]. 64 chuan. 1678.

———. 200 chuan. 1911.

(*Chung-tsuan*) *Shao-wu fu-chih* 重纂邵武府志 [Complete Gazetteer of Shao-wu Prefecture]. 30 chuan. 1900. Taipei: Ch'eng-wen ch'u-pan-she reprint, 1967.

Shao-wu-fu hsü-chih 邵氏府续志 [Continuation of the Shao-wu Gazetteer]. 10 chuan. 1670.

SHEN CHIH-CH'I 沈之奇. *Ta-ch'ing lü chi-chu* 大清律辑注 [Commentary on the Ch'ing Legal Code]. 30 chuan (1715). 1755 ed.

Shih-lu 实 录 [Veritable Records of the Ch'ing Dynasty, Arranged by Reign]. Taipei: Hua-wen shu-chü reprint, 1964.

SHRYOCK, JOHN. *The Temples of Anking and Their Cults: A Study of Modern Chinese Religion*. Paris: Geuthner, 1931.

STAUNTON, SIR GEORGE. *Ta Tsing Leu Lee; Being the Fundamental Laws . . . of the Penal Code of China*. London, 1810; reprint ed., Taipei: Ch'eng-wen, 1966.

Su-ch'ien hsien-chih 宿迁县志 [Gazetteer of Su-ch'ien hsien]. 19 chuan. 1875; reprint, 1965.

SUN T'ING-CH'ÜAN 孙廷铨. *Yen-shan tsa-chi* 颜山杂记. 4 chuan. 1665.

T'an-ch'eng hsien-chih, 1673. See note on p. 141.

(*Chung-hsiu*) *T'an-ch'eng hsien-chih* 重修郯城县志 [Continuation of the T'an-ch'eng Gazetteer]. 12 chuan. 1763.

(*Hsü-hsiu*) *T'an-ch'eng hsien-chih* 续修郯城县志 [Further Continuation of the T'an-ch'eng Gazetteer]. 10 chuan. 1810; reprint ed., Taipei: Ch'eng-wen ch'u-pan-she, 1968.

T'an-ch'eng hsien fu-i ch'üan-shu 郯城县赋役全书 [Complete Tax and Labor Service of T'an-ch'eng]. 1 chuan, 1897.

T'AN CH'IEN 谈 迁. *Kuo-chüeh* 国 榷 [History of the Ming Dynasty]. Completed by 1655. 6 vols. Peking, 1958.

T'eng hsien-chih 滕县志 [Gazetteer of T'eng County]. 14 chuan. 1832.

Tsou hsien-chih 邹县志 [Gazetteer of Tsou County]. 3 chuan. 1716.

Tu-li ts'un-i 读例存疑. By Hsüeh Yün-sheng 薛允升 [Analysis of Problems in the Legal Code]. Edited by Huang Tsing-chia 黄静嘉. 5 vols. Taipei: Ch'eng-wen ch'u-pan-she, 1970.

Tung-kuang hsien-chih 东光县志 [Gazetteer of Tung-kuang County]. 8 chuan. 1693

Tzu-ch'uan hsien-chih 淄州县志 [Gazetteer of Tzu-ch'uan]. 8 chuan. 1743.

WANG CHIH 王 植. "T'an-ch'eng Yin Huang Ssu-hu chuan" 郯城尹黄思湖传 [Biography of the T'an-ch'eng Magistrate Huang Liu-hung]. In *Chung-te-t'ang kao* 崇德堂稿, chuan 4.

WANG YEH-CHIEN. *Land Taxation in Imperial China, 1750–1911*. Cambridge, Mass.: Harvard University Press, 1973.

WOLF, ARTHUR P., ed. *Religion and Ritual in Chinese Society*. Stanford: Stanford University Press, 1974.

YAMANE YUKIO. See note on p. 141, under Huang.

YANG JEN-K'AI 杨仁恺. "*Liao-chai chih-i*" *yüan-kao yen-chiu* 聊斋志异原稿研究 [A Study of the Original Draft Manuscript of the *Liao-chai chih-i*]. Shenyang, 1958.

YANG LIU 杨 柳 . "*Liao-chai chih-i*" *yen-chiu* 聊斋志异研究 [A Study of the *Liao-chai chih-i*]. Nanking, 1958.

YANG, MARTIN C. *A Chinese Village: Taitou, Shantung Province*. New York: Columbia University Press, 1945; paperback, 1965.

YOKOYAMA SUGURU 横山英. "Kampōki Santō no kōryō fūchō to mindan" 咸丰期山东の抗粮风潮と民团 [Popular Organizations and Peasant Uprisings in Protest against High Rents and Taxes during the Hsien-feng Reign in Shantung]. *Rekishi kyōiku* 历史教育, new series 12:9 (September 1964): 42–50.